왜, 그리스 신화를
읽어야 하나요?

왜, 그리스 신화를 읽어야 하나요?

이상기 지음

|주|자음과모음

함께 가요, 상상을 현실로 만드는
그리스 신화의 세계로

주노와 주피터가 만나다

2016년 7월 4일, 미국 독립기념일에 맞추어 미 항공우주국^{NASA}이 쏘아 올린 목성 탐사선 주노가 5년간의 고독한 비행 끝에 목성 궤도에 진입했습니다. 세계의 온갖 매체들은 이 사건을 다투어 보도하느라 바빴고요. 이 보도를 접하면서 '우리도 한시바삐 우주선을 띄워야지' 다짐을 한 대한민국의 청소년들도 많았을 겁니다. 네, 저는 여러분의 꿈이 멀지 않아 이루어질 것임을 잘 압니다.

그런데 왜 하필이면 목성 탐사선의 이름이 주노였을까요? 목성의 이름을 생각해보면 쉽게 알 수 있습니다. 목성의 이름은 바로 주피터거든요. 주피터는 그리스 신화에서 최고 신으로 군림하고 있는 제우스의 로마식 이름이고 주노는 그의 아내인 헤라를 가리키는 말이니까요. 그러니까 목성 탐사선 주노가 목성의 궤도에 진입한 것은 헤라 여신이 무려 5년 동안 27억 킬로미터나 날아가 마침내 그리워하던 남편 제우스를 만난 것처럼 짜릿하고 감격스러운 사건이나 마찬가지였던 셈입니다. 전 세계의 수많은 매체들이 그토록 떠들썩할 만도 하죠. 사랑하는 남편을 만나러 캄캄한 어둠 속을 5년 동안이나 날아간 헤라의 용기와 그들의 사랑이 참으로 가상하지 않나요?

올림포스에서 우주로

목성만이 아니라 수성, 금성, 지구, 화성 등 태양을 도는 행성들의 이름은 모두 그리스 신화와 로마 신화에서 따온 것들입니다. 수성은 태양에서 가장 가까운 궤도를 움직이고 있는 별인데 머큐리라고도 하죠. 그런데 머큐리는 바로 전령신 헤르메스의 로마식 이름입니다. 수성은 공전주기가 짧아 매우 빠르게 움직이고 있다는 느낌을 줍니다. 소식을 재빠르게 전해주는 헤르메스에게 잘 어울리는 이름이군요.

수성 바로 바깥 궤도를 도는 행성인 금성은 비너스인데 그리스 신화의 아프로디테를 가리키는 말입니다. 우리나라에서는 이 별을 샛별 또는 저녁별, 개밥바라기라고도 하죠. 배고픈 강아지에게 밥을 줄 때쯤 서산 위에서 아름답게 반짝이는 샛별을 보면 여러분도 이 별이 아름다움의 여신 아프로디테임을 금방 알아챌 수 있을 겁니다.

우리가 살고 있는 지구는 대지의 신 가이아를 가리킵니다. 가이아는 크로노스를 비롯한 많은 거신족을 낳죠. 가이아라는 이름처럼 지구는 지금까지도 태양계 모든 생명의 모태라는 생각이 드는군요.

마르스라 부르는 화성은 전쟁의 신 아레스를 가리킵니다. 워낙 잘생기고 용맹해서 인기가 많았죠. 데이모스와 포보스는 그의 두 아들입니다. 각각 근심, 공포라는 뜻을 담고 있습니다. 전쟁의 참상을 헤아려보면 공포와 근심, 걱정이 연상되는 것이 아주 자연스럽습니다. 붉게 빛나기 때문에 이 별을 동양에서는 화성이라 부른 것이겠죠.

화성의 바로 바깥을 돌고 있는 행성인 목성은 주피터라는 이름에 걸맞게 태양계에서 덩치가 가장 큽니다. 올림포스 최고의 신 제우스를 이름표에 달려면 적어도 무엇 하나 정도는 최고가 되어야 하지 않겠어요? 지름만도 지구의 11배인 14만 3천2백 킬로미터이고, 공전주기는 11년 10개월이나 걸립니다. 그러니까 목성에서의 한 살은 지구에서는 열두 살이나 되는군요.

목성의 바깥에서 가장 아름다운 고리를 거느리고 있는 것으로 유명한 토성은 새턴이라 하는데 그리스의 크로노스를 가리키는 단어입니다. 제우스에게 권력을 넘기기 전까지는 시간을 의미하는 크로노스가 신들의 제왕이었죠. 혹 모래시계나 거대한 낫을 들고 있는 이가 있다면 그가 바로 새턴일지도 모르니 조심할 일입니다.

망원경을 통해 발견된 최초의 행성인 천왕성은 청록색으로 빛나는데 이 별을 가리키는 말은 우라노스입니다. 원래 하늘을 의미하는 우라노스는 가이아의 남편이자 크로노스 이전 최고의 신이었죠.

우라노스는 자신의 막내아들 크로노스에게 거세를 당하고는 신화에서 사라지고 맙니다. 다만 하늘에서는 손자(주피터), 아들(크로노스), 아버지(우라노스) 이렇게 삼대가 서로를 미워하면서도 이토록 오랫동안 가까이에서 돌고 있으니 지금쯤은 섭섭한 감정이 좀 풀어졌을까요?

우라노스의 바깥 궤도에서 바다의 요정인 네레이드 등 13개의 위성을 거느리고 있는 해왕성 넵튠은 바다의 신 포세이돈을 가리킵니다. 그 많은 위성의 이름 중에는 포세이돈의 아들 트리톤도 들어 있군요. 그 외에는, 너무 크기가 작고 자신의 궤도에서 지배적 역할을 하지 못한다는 이유로 행성에서 퇴출당한 명왕성은 플루토, 즉 저승의 신인 하데스를 가리킵니다. 명왕성은 카론이라는 위성도 거느리고 있습니다. 카론은 바로 죽은 사람들을 저승으로 건네주는 일을 하는 고집쟁이 뱃사공 할아버지가 아니던가요?

이렇게 보면 정작 하늘의 별자리를 이해하기 위해서는 그리스 신화를 먼저 읽지 않으면 안 될 것 같습니다. 별자리의 이름을 살피다 보면 여러분도 그리스 신화의 신과 영웅들이 올림포스에서 우주로 거처를 옮긴 것에 지나지 않다는 생각을 하게 될 테니까요.

10가지 그리스 신화 이야기

이 책에는 그리스 신화 중에서 가장 흥미로우면서도 그 중심이라 할 수 있는 이야기 10가지가 들어 있습니다. 먼저 그리스 12신으로 헤아릴 수 있는 신들의 가계도를 통해 이 신화의 전체적인 구조를 이 해한 뒤 최고의 솜씨를 바탕으로 처음 하늘을 난 다이달로스 이야기, 영웅이 되었지만 오만이라는 관문에서 추락하고만 벨레로폰의 한살 이, 온몸으로 운명이라는 비극적 삶을 견디어낸 오이디푸스, 제 손으 로 살려낸 자식의 목숨을 스스로 거두고만 여인 알타이아, 꿈을 가지 고 간절함으로 노력하면 돌멩이 속에서도 아름다운 여인을 불러낼 수 있다는 것을 일깨워준 피그말리온 이야기가 꽃처럼, 밤하늘의 별 처럼 피어날 것입니다. 뿐만 아니라 우리는 이 책을 통해 지상을 환 하게 만드는 꽃 대부분이 실은 멋있는 청년이 몸 바꾸기 한 것임을 알게 될 것이고, 아테네의 영웅 테세우스, 부족함은 절망이 아니라 성취를 향한 튼튼한 날개가 될 수 있음을 보여준 페르세우스, 사랑이 모든 시련을 이기게 한다는 진리에 자신도 모르게 손뼉을 치게 하는 프시케의 마음을 만나는 행운을 얻게 될 것입니다.

여러분은 이 책을 통해 신화가 호랑이 담배 피우던 옛날보다 더 아득한 과거의 이야기인 동시에 지금 당장 눈앞에 펼쳐지고 있는 이 야기요, 신이나 영웅이 걸어간 길을 여러분도 함께 걸어가고 있음을 알고 행복해할 것입니다. 신과 영웅들의 고민과 용기를 접하면서 자 신도 그들에게 한걸음씩 더 가까워지고 있음을 느낄 거고요.

신의 마음을 헤아리는 것은 신을 가슴속에 품는 일

우리가 왜 남의 나라 신화를 읽어야 하느냐며 불평할 친구가 있을지도 모르겠네요. 맞아요. 우리 것은 아주 소중하죠. 내 것도 모르면서 남의 것을 이야기하는 것은 어리석은 일입니다. 저는 여러분이 우리 것을 소중히 하는 것은 당연한 일이지만, 우리 밖에 있는 이웃과 상대하기 위해서는 그들이 소중히 하는 것도 잘 알아야 한다고 생각해요.

하늘이 온통 그리스 신화로 가득한 상황에서 짐작할 수 있듯이 현 시대를 주도하고 있는 것은 서양의 강국들입니다. 그러니 우리가 저들을 알고 저들에게서 우리에게 필요한 것을 끌어내기 위해서는 저들이 소중히 하고 있는 것을 '저 나라 사람들만큼'을 넘어 '저들보다 더 깊고 넓게' 알고 있어야 하지 않을까요? 저는 여러분이 이 책을 통해 더 많은 지혜와 깊이를 갖추어 더 넓은 세상, 더 꿈 많은 세상을 가꾸어가는 주인공이 되기를 바랍니다.

이 소중한 책에 숨을 불어넣어 밝고 따뜻한 프시케(마음)까지 갖게 해준 자음과모음에 고마움을 전합니다. 이 책을 우리 청소년의 벗으로 만들어주신 정은영 대표님, 신화의 숲에서 확실한 헤르메스(이정표)를 세워준 사태희 국장님, 표 나지 않는 일을 도맡아 깎고 다듬어 누구나 갖고 싶은 마음의 집 한 채를 지어주신 임채혁 편집자께 깊은 감사의 말씀을 드립니다. 그리고 도종환 형, 형이 있다는 것만으로도 나는 참 좋네. 고마워요, 형!

차례

1장

신의 탄생, 신들의 가계도

: 신들은 어떻게 태어난 것일까

모든 것을 삼켜버리는 크로노스

　시간을 상징하는 신 크로노스가 어머니 가이아의 도움을 받아 아버지 우라노스를 밀어내고 올림포스의 최고 신이 됩니다. 크로노스가 권력을 차지하기 전에는 우라노스가 대양을 비롯한 온갖 신을 창조해냈다는 뜻이기도 하죠. 대지의 신 가이아가 거대한 낫을 만들어주자 크로노스는 그 무기를 이용해 아버지인 하늘(우라노스)을 제거해버리는데 이때부터 하늘의 시대는 물러가고 시간이 모든 것을 지배하게 됩니다. 지금도 세상의 모든 만물은 시간의 지배를 받고 있습니다. 태어난 것은 어느 것이나 시간이 흐름에 따라 늙고 낡아가다가 결국은 사라지기 마련이거든요. 아니, 태어난 것만이 아니라 존재하는 모든 것은 시간을 거역할 수 없습니다. 시간에서 자유로운 자는 아직 아무도 없으니까요. 크로노스가 들고 다니는 커다란 낫과 모래시계는 바로 시간의 흐름에 따라 모든 것이 소멸한다는 것을 상징합니다.

막내로 태어나 아버지인 하늘을 대신해서 세상을 다스리게 된 크로노스는 아버지처럼 자신의 자리를 빼앗기지 않으려 조심합니다. 어머니 가이아로부터 들은 이야기를 한시도 잊지 않고 있거든요. "너도 네가 한 것처럼 자식에게 그 자리를 빼앗기고 말 것이다." 예언이 아니라 저주에 가까운 어머니의 말이 정말로 이루어지면 안 되니 크로노스가 조심하지 않을 수 있겠어요? 그래서 그는 아내가 자식을 낳자마자 재빨리 삼켜버립니다. 자식이 없으면 자신을 해칠 자식도 없을 테니까요. 워낙 철저해서 크로노스의 시대가 쉽게 끝나지 않을 것 같군요.

하지만 레아는 남편 크로노스가 점점 미워집니다. 아무리 고생을 해서 자식을 낳아도 아이 우는 소리 한 번 들을 수 없을 만큼 아무런 보람이 없기 때문이죠. "얼마나 정성을 들여 낳은 자식인데, 무슨 방법이 없을까?" 레아는 밤낮없이 고민하더니 마침내 한 가지 대책을 찾아냅니다. 레아가 또다시 아이를 낳자 크로노스가 나타나 아이를 요구합니다. 레아는 무언가를 싼 포대기를 그에게 내어놓습니다. 크로노스가 "이게 뭐요?"라고 묻자 레아가 "대지의 속살이자 뼈"라고 답합니다.

뭐라? 농담도 잘한다고 생각한 크로노스는 아내의 말을 코웃음으로 무시해버리고는 마음이 급한 탓에 포대기 속을 살펴보지도 않고 재빨리 삼켜버립니다. 크로노스가 사라지자 레아는 아이를 빼돌려 깊은 산속에서 기르게 합니다. 레아가 남편에게 내어준 것은 아이가 아니라 아이만 한 돌덩이였거든요. 크로노스는 안심했겠지만 그가 안심을 넘어 방심까지 한 탓에 아이는 무럭무럭 자랍니다. 이 아이의 이름이 바로 '빛'을 상징하는 제우스입니다.

제우스는 산에서 양의 젖을 먹으며 자랍니다. 요정들이 그를 보살피죠. 다만 워낙 울음소리가 큰 탓에 요정들은 제우스가 울 때마다 징이며 꽹과리 같은 악기를 두드려대야 했으니 힘깨나 들었겠네요. 제우스의 울음소리가 크로노스의 귀에 들어가지 않도록 신경을 써야 했으니까요. 만약 크로노스가 눈치를 채는 날이면? 아, 그건 진짜 안 되죠. 그동안의 모든 노력이 한순간에 물거품이 되고 말 테니까요.

제우스, 돌아오다

어느 날, 청년으로 성장한 제우스가 크로노스의 궁전에 나타납니다. 레아는 이 아이의 신분을 단번에 알아보지만 크로노스는 전혀 눈치채지 못합니다. 제우스는 어머니의 도움으로 크로노스에게 신들이 마시는 술 넥타르와 음식 암브로시아로 시중드는 일을 담당합니다. 그리고 날마다 조금씩 음식에 토하는 약제를 첨가합니다. 처음에는 아무 일도 없지만 시간이 지나자 마침내 크로노스도 지금까지 그가 삼켰던 것을 토해내기 시작합니다. 그런데 그가 맨 처음 토해낸 것은 강보에 싸인 돌덩이였던 겁니다. 비로소 크로노스는 그것의 정체가 무엇인지 알게 되죠. 크로노스는 계속해서 자신이 삼킨 아이들을 그 반대 순서로 토해내고 맙니다. 그래서 하데스는 크로노스의 장남이면서도 가장 늦게 태어난 막내가 되고, 제우스는 막내이지만 가장 큰형, 장남이 되어 가장 노릇을 하게 된 겁니다. 이렇게, 막내로 태어나 아버지 우라노스를 쫓아냈던 크로노스도 마침내 자신의 막내아들인 제우스에게 자리를 내어주고 마는군요. 신의 예언은 조심한다고 해서 피할 수는 없는 모양입니다. '죄는 지은 대로 받는다'라는 이치는 그리스 신화에서도 톱니가 맞아 돌아가듯 그대로 이루어지는군요.

크로노스의 첫째였지만 막내가 된 아들이 하데스라고 했죠? '보이지 않는 자'라는 뜻인 하데스는 그 이름에 걸맞게도 저승에 보이지 않는 왕국을 아주 큼지막하게 건설해놓고 있다고 하네요. 그러니 혹 누군가가 세상을 떠났다면 이는 그가 이승에서 하데스의 나라인 저승으로 주소를 옮겼다는 뜻입니다. 훗날 하데스는 들판에서 꽃을 따고 있던 페르세포네를 납치해 아내로 삼습니다. 어머니 데메테르가 딸을 찾았을 때 딸은 이미 하데스가 준 석류를 먹은 후였고요. 잊지 마세요. 저승에서 무언가를 먹은 자는 다시 이승으로 돌아올 수 없다는 것을요. 그래도 다행히 신들의 중재로 페르세포네는 일 년의 절반은 저승에서, 나머지 절반은 이승에서 지내게 되는데, 페르세포네가 돌아오면 세상에는 아름다운 꽃이 가득 피어납니다. 봄인 거죠. 하지만 그녀가 저승으로 돌아가면 지상에는 차가운 겨울이 북풍과 함께 찾아오게 되는 거고요.

그런데 하데스가 페르세포네를 납치한 것은 미의 여신 아프로디테의 장난 때문입니다. 저승의 신이라는 작자의 노는 짓이 마음에 들지 않은 아프로디테가 아들 에로스에게 화살을 쏘게 하거든요. 그것도 모르고 가슴이 따끔해진 하데스는 페르세포네에 대한 사랑의 감정을 참을 수 없었다죠? 모든 생명을 앗아가는 저승의 신 하데스도 사랑을 한다? 이는 혹 사랑은 저승, 지옥도 이겨낼 만큼 아주 힘이 세다는 뜻은 아닐까요?

성질 사나운 포세이돈도 크로노스의 아들입니다. 포세이돈은 '바다'라는 뜻이니 이로부터 대양의 신으로 군림하던 오케아노스도 그 자리를 포세이돈에게 내어주게 되었군요. 혹 성질이 난 포세이돈이 삼지창을 마구 휘두를 때는 아무리 피가 끓더라도 함부로 바다에 나가지 마세요. 만일 포세이돈이 아들 트리톤에게 뿔 나팔까지 불게 하면 바다뿐만이 아니라 온 세상이 성난 파도와 폭우, 바람으로 뒤덮일지 모르니까요.

부엌과 화로의 신인 헤스티아는 크로노스의 맏딸입니다. 대지와

곡식의 신인 데메테르도 그의 딸입니다. 이 데메테르의 딸이 바로 하데스의 아내 페르세포네인 건 이미 말했죠? 제우스의 아내가 되는 헤라는 신성한 결혼을 주관하는 일을 맡은 신입니다. 헤라는 바람둥이 남편 때문에 속도 어지간히 끓이죠. 난데없이 구름이라도 끼면 헤라는 혹시 남편이 무슨 나쁜 짓을 하는 건 아닐까 의심을 하곤 하거든요. 목성에는 늘 두꺼운 구름이 끼어 있다던데 이것도 제우스가 바람을 피우느라 일부러 피워놓은 건 아닐까요?

올림포스의 주인이 되다

티타노마키아. 말은 그럴 듯해도 이 '티탄과의 전쟁'은 허무할 만큼 간단히 끝나고 맙니다.

올림포스 신들에게 대적하기 위해서 티탄족들은 거대한 산을 포개어 대항합니다. 제우스가 벼락을 던지자 그들은 일제히 산 위로 몸을 피하는데 그럴 게 아니었던 겁니다. 올림포스에서는 백수거인百手巨人인 헤카톤케이레스 삼형제가 일제히 들고 있던 바위를 내던지거든요. 100개나 되는 손을 가진 삼형제가 바위를 한꺼번에 내던졌으니 그 위력이 어떠했을까요? 올림포스에 오르려던 티탄들은 바위에 깔려 생을 다하게 됩니다. 목숨이 끊어지지 않은 티탄들은 무한지옥인 타르타로스에 갇히게 되는데 이들은 지금도 가끔씩 바위에 눌린 몸을 뒤틀며 괴로워한다죠? 지진이나 화산 폭발은 이 티탄들이 몸을 뒤틀며 바위를 밀어낼 때 일어나는 현상이니 너무 놀랄 일은 아닙니다.

제우스가 올림포스의 주인으로 자리를 잡으면서 신들은 점차 인간의 세계로 내려오기 시작합니다. 제우스가 너무 바람을 많이 피운 탓도 있을 테지만(신화에서 제우스는 바람둥이의 원조라 할 만합니다) 숫자가 많아지면서 삶의 터전인 올림포스가 턱없이 좁다고 신들이 생각했기 때문이죠. 그만큼 신이 관여할 분야, 사람들이 생각하는 분야가 자꾸만 늘어난 탓일 겁니다. 티탄족의 막내인 크로노스가 신권을 장악하면서 우주가 요동쳤듯이 크로노스의 막내인 제우스가 올림포스의 최고 신, 우두머리가 되면서 세상에는 다시 변화의 물결이 크게 일어납니다. 그런데 그러기 위해서는 우선 권력 구도부터 바꾸어야겠죠? 제우스의 생각도 그랬답니다.

제우스의 형제자매들에게 주어진 역할은 변함이 없습니다. 이치의 여신인 테미스의 말에 이의를 제기할 자는 아무도 없었거든요. 우선 해와 달을 관장하는 신부터 바뀝니다. 레토는 제우스의 자식을 잉태했으나 오히려 그 대가로 헤라 여신에게 곤욕을 치른 적이 있습니다. 가정의 질서와 평화를 수호할 책임이 있는 헤라는 지아비인 제우스의 바람기를 용서할 생각이 전혀, 눈곱만큼도 없었거든요. 그래서 헤라는 지상 어느 곳에서도 레토가 몸을 풀어 자식을 낳을 수 없게 만듭니다. 헤라의 노여움을 샀다가는 무슨 불벼락을 맞을지 몰라 두려운 땅들이 모두 고개를 돌려 외면하는 바람에 레토는 한동안 농구공만큼이나 부풀어 오른 배를 안은 채 방황하게 됩니다. 그러나 하늘이 무너져도 솟아날 구멍이 있다는 말처럼, 레토를 구한 건 뿌리를 내리지 못한 채 떠돌던 델로스 섬이었습니다. 델로스 섬을 기특히 본 제우스가 섬의 한곳에 정착할 수 있게 도와주죠. 역시 선행은 크게 권장할 만한 일이겠습니다.

제우스의 아들딸도 신이 되다

그렇게 태어난 쌍둥이 남매 중 아폴론은 태양의 신입니다. 이때까지 태양의 신으로 불리던 헬리오스도 아폴론에게 자리를 양보하게 되는군요. 음악, 의술, 사냥 등도 아폴론이 주관합니다. 피리를 잘 부는 강의 신 마르시아스와 대결을 벌인 자도 아폴론이요, 에로스의 화살에 맞아 아름다운 여인 다프네에게 반해 쫓아가다가 그녀를 월계수로 만든 범인도 다름 아닌 그입니다. 마르시아스와 솜씨 대결을 벌일 때 끝내 그가 패배를 인정하지 않자 심판을 보겠다며 나선 마이다스의 귀를 당나귀 귀로 만들고 마르시아스의 몸가죽을

몽땅 벗겨버린 자도 아폴론이었습니다.

아폴론의 쌍둥이 여동생 아르테미스는 달의 여신입니다. 그 때문에 셀레네도 더 이상 달의 주인 노릇을 하지 못합니다. 아르테미스는 사냥 솜씨도 뛰어납니다. 다만 남자들에게는 관심이 없습니다. 오히려 그녀는 남자들을 싫어할 뿐만 아니라 남자들을 사랑한 자신의 요정들도 결코 용서하지 않습니다. 아, 딱 단 한 번 '머리가 참 잘생긴 남자' 케팔로스를 사랑해서 이 남자의 아기를 가진 프로크리스에게 선물을 주어 축복한 적은 있네요. 하지만 사실은 이것도 축복이 아니라 흉계였죠. 아르테미스는 프로크리스에게 결혼 선물로 던지기만 하면 목표에 백발백중하는 창과 어떤 사냥감도 놓치지 않는 사냥개 '질풍'을 주거든요. 결국 그의 창은 사랑하는 아내 프로크리스를 죽이고 맙니다. 아버지 제우스의 사랑을 받아 아이를 가진 시녀 칼리오페를 곰으로 바꾸어버린 것도 아르테미스요, 자신의 벗은 몸을 보았다는 죄로 악타이온을 사슴으로 바꾸어 자신이 집 안에서 기르던 사냥개에게 찢겨죽도록 만든 것도 아르테미스였습니다. 그러니 사랑이 너무 깊은 연인들은 아르테미스를 만나지 않도록 노력해야 할 겁니다. 만약 아르테미스가 눈꼬리가 올라가기라도 한다면 무슨 화풀이를 당할지 모르니까요.

제우스가 그나마 사랑한 아들은 전령신 헤르메스입니다. 헤르메스는 전령신답게 날개 달린 가죽신을 신고 뱀이 감고 오르는 지팡이를 든 채 천상에서 지옥까지를 마음대로 드나들 수 있는 신입니다. 가끔은 이리스(아이리스), 무지개를 이동 수단으로 삼기도 하죠. 설령 그곳이 지옥이든 천상이든 혹은 주소 찾기도 어려운 꿈속이든 소식은 어느 곳에도 전달해야 하니 헤르메스처럼 바쁜 신도 없을 듯합니다. 그뿐인가요? 헤르메스는 상업과 도둑, 사기꾼의 신이기도 합니다. 그의 교활한 혀는 거짓도 진짜로 믿게 하는 재주가 있다죠? 하기야 그래야 남을 속일 수 있겠죠. 태어나 얼마 되지도 않아 아폴론의 양 떼를 감쪽같이 훔친 자도 헤르메스요, 100개의 눈을 가지고, 암소로 몸 바꾸기를 한 제우스의 연인 이오를 끊임없이 감시하며 괴롭히던 아르고스를 죽인 자도 헤르메스였습니다. 갈대로 만든 피리 쉬링크스 이야기를 해주며 기회를 엿보다 아르고스가 조는 틈을 이용해 단번에 목을 쳐버리거든요. 아버지의 심부름이라면 이렇게 물불을 가리지 않고 충실하게 행하는 자식이었으니 제우스도 그를 사랑하지 않을 수 없었을 겁니다.

시간만 나면 이것이 옳으니 저것이 옳으니 하면서 시시콜콜 시비를 걸고 따지는 메티스를 제우스가 삼켜버린 적이 있습니다. 듣기 싫은 잔소리도 피할 겸 지혜가 있는 여신을 삼켰으니 그 지혜까지 자신이 차지할 수 있다고 생각했거든요. 그렇지만 메티스를 삼키고부터 제우스는 두통에 시달리게 됩니다. 도저히 그 고통을 참지 못하게 되자 그가 아들을 부르는데 이때 불려온 아들이 바로 헤르메스였습니다. 헤르메스는 상황을 짐작하자 대장장이 신 헤파이스토스를 시켜 날카로운 정으로 제우스의 머리뼈를 조금 깨서 두통의 근원을 치료하려 합니다. 솜씨가 의술의 신 아폴론보다 낫군요. 그러자 제우스의 머리에서 한 여신이 무장을 한 채 튀어나오는데 그녀가 바로 아버지와도 가끔 대립을 하는 아테나 여신입니다. 아테나도 전쟁과 사냥을 좋아합니다. 때로는 자기가 꽤 예쁘다고 착각도 하는 여신이죠. 어머니 메티스의 피를 닮아서인지 지혜도 남다릅니다.

그러나 그런 그녀도 헤라, 아프로디테와 함께 미를 견주다 망신을 당한 적이 있습니다. 인간인 펠레우스가 여신 테티스와 결혼을할 때입니다. 이 잔치에 초대받은 신이 많았는데, 유독 혼자서만 초대장을 받지 못해 입이 부은 여신이 있었으니 그녀가 바로 불화를나누어주는 일을 하는 에리스입니다. 결혼식에 불화를 부르고 싶은자가 누가 있겠어요? 그래서 슬며시 초청자 명단에서 지워버린 것인데 에리스는 "이것들이 이제는 나를 옆집 강아지만큼도 여기지않겠다는 거지? 그렇다면 어디" 하면서 한창 잔치가 무르익을 때 나타나더니 별 말도 없이 달랑 사과 한 알을 던지고는 사라집니다. 꼭난리법석을 떨어야 기분이 개운해지는 것은 아니죠. 별 난장판도벌이지 않고 에리스가 금방 사라지자 오히려 다른 신들은 안도하면서도 무언가 서운한 기분입니다. '에이, 그냥 가는 거야? 그럴 거면왜 왔을까? 초청장도 받지 못한 주제에.' 그러다 그녀가 던진 사과를 살펴보는데 역시! 무언가 글씨가 새겨져 있는 게 아니겠어요?

"가장 아름다운 여신에게"라는 글귀입니다. 한참 동안 눈치를 보며 상황을 살피던 여신들이 하나둘씩 그 사과의 주인은 나라며 나섭니다. 헤라, 아프로디테, 아테나 여신이 그들이죠. 그러나 판결은 의외로 쉽게 나지 않습니다. '당신이 최고!'라며 누구 하나의 손을 들어주는 것은 좋은데 그랬다가는 나머지 두 여신으로부터 무슨 해코지를 당할지 모르거든요. 제우스도 판결을 내리지 못하고 슬며시 자리를 피합니다. 역시 에리스의 사과는 불화의 사과였군요. 입씨름으로 날을 보내며 사과를 차지하려던 신들도 지치고 짜증이 나기는 하지만 싸움을 그만둘 수는 없습니다. 아직 사과의 주인을 가리지 못했으니까요. 그들은 생각합니다. '올림포스에서 안 되면 지상의 인간에게?' 고개를 끄덕이자마자 그들은 이미 지상으로 내려와 있습니다. 그리고 나름대로 권력과 지혜, 미인을 주겠다며 트로이의 왕자 파리스에게 심판을 요구합니다. 그러나 그 결과 승리자는 아프로디테. 미의 여신이자 사랑의 여신이 가장 아름다운 여인을 짝으로 삼게 해주겠다는데 혈기 왕성한 청년이 누구에게 사과를 내밀지는 빤한 것 아니겠어요? 미의 여신은 간단하게 이 황금 사과를 차지합니다. 물론 판결이 나기까지 20년은 족히 흘렀으니 '간단하게'라는 말은 좀 문제가 있군요. 파리스는 에리스가 잔칫상에 사과를 던질 때 태어난 아이인데 그가 훤칠한 청년으로 자랐으니 시간도 그만큼 많이 지났을 것 아니겠어요? 그동안 지치지도 않고 똑같은 말로 "내가 제일 예뻐"라며 앵무새 노릇이나 하던 여신들은 입도 꽤나 아팠겠네요. 어찌 되었거나 자존심이 형편없이 구겨진 아테나와 헤라가 앙심을 품으면서 영웅이란 영웅이 대부분 사라질 큰 전쟁이 일어나게 됩니다. 그 유명한 트로이전쟁은 바로 이 세 여신의 자존심 대결 때문에 일어났으니까요. 파리스가 이미 결혼을 한 메넬라오스의 부인 헬레네를 유혹해서 트로이로 데리고 가도록 아프로디테가 도와주는 바람에 신들도 편을 갈라 "네가 이겨라, 내가 이겨라" 하며 전쟁터로 쏟아져 나오거든요.

전쟁터를 누비는 군신 아레스도 제우스의 아들입니다. 그가 로마 신화로 건너가면 마르스로 개명을 하게 되는데, 마르스는 태양을 도는 행성 화성을 가리키는 말이기도 하죠. 화성은 아주 오래전부터 인류와 비슷한 생명체가 살고 있다고도 하고 그들이 지구를 침공할지 모른다는 두려움을 준 별이기도 합니다. 〈화성 침공〉이라는 영화가 그냥 만들어진 것은 아니었군요. 아레스는 아프로디테를 사랑하기도 하지만 세상을 두려움에 떨게 할 때가 대부분입니다. 전쟁터의 잔인한 살육과 파괴의 현장, 패자가 처한 현실을 생각한다면 이해하기가 쉽겠습니다. 지금도 화성을 돌고 있는 두 개의 달을 우리는 포보스와 데이모스라고 부르고 있죠.

제우스, 신들의 나라를 세우다

이렇게 제우스를 중심으로 하데스, 포세이돈, 헤라, 데메테르, 헤스티아 등 형제자매와 아폴론, 아르테미스, 아레스, 헤파이스토스, 아테나, 헤르메스 등 6명의 자식들을 그리스 신화에서는 12주신이라고 합니다. 물론 이들 12신 외에도 이들을 모시는 버금 신, 버금 신을 모시는 딸림 신과 요정, 반인반수의 괴물들, 곳곳에 똬리를 틀고 있는 신들이 제우스의 나라를 풍성하게 채우고 있죠. 다만 12명의 주신들도 다 위상이 튼튼한 것은 아니라서 가끔은 으뜸 신에 들기도 하고 밀려나기도 하는 신도 있습니다. 바로 부엌의 신인 헤스티아가 그런 처지의 신이죠. 대단히 중요한 일을 하면서도 자주 푸대접을 받는 신입니다. 사람이 사랑에 눈이 멀면 잠시 가정을 잊기도 하는 것처럼 사랑과 미의 신 아프로디테가 12신에 끼면 헤스티아는 졸지에 설 곳이 없게 되거든요. 그뿐만이 아닙니다. 술과 포도주의 신 디오니소스가 나타나기라도 하면 헤스티아는 또다시 자신의 자리를 잃고 어두운 부엌으로 사라져야 합니다. 술을 마시다 보면 가정을 소홀히 하는 경우도 참 많지 않나요? 그러나 엉뚱한 여자에게 마음을 빼앗기는 것은 잠깐이고 바람을 피우던 대부분의 사람은 다시 가정으로 돌아옵니다. 그러고 보면 헤스티아는 참 인내심도 많은 신이군요. 마찬가지로 사람들이 술에 빠지는 것도 잠깐입니다. 그 시간이 지나면 사람들은 다시 제 집으로 돌아가거든요. 이때가 되면 헤스티아는 다시 12신 사이에 당당히 앉아 있게 되죠. 그만큼 가정은 우리 사회를 떠받치는 든든한 버팀목입니다. 어머니처럼 날마다 부엌에서 무언가를 하는 헤스티아를 그냥 무시해서는 안

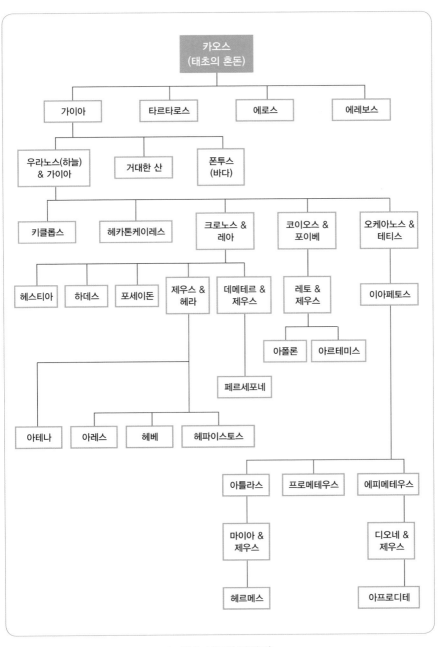

〈그리스 신들의 가계도〉

된다는 생각이 드는군요.

제우스의 아들이기는 하지만 술과 포도주의 신 디오니소스의 어머니는 헤라가 아닙니다. 바로 세멜레라는 여인이죠. 세멜레, 그녀는 신이 아닙니다. 세멜레가 제우스의 아이를 가진 것을 안 헤라가 이를 빠드득 갈며 화풀이를 하려 듭니다. 헤라 여신이 혀 놀리는 솜씨를 한번 보실까요? 헤라는 세멜레의 유모로 변신해서 이렇게 세멜레를 부추깁니다.

"아가씨, 요즘 그리스에는 제가 신이라도 되는 양 행세하는 청년이 많답니다. 그래서 말인데요, 물론 그럴 리는 없겠지만 가끔 아가씨를 찾아오는 청년도 실제로는 제우스가 아닐지도 모르겠어요. 그러니 확인을 해보시는 게 어떨까요? 의심만 하고 있는 것보다는 이번 기회에 아주 확실하게 짚고 넘어가는 게 좋지 않겠어요?"

"확인은 무슨 확인이야? 그분이 직접 자신이 세상을 다스리는 제우스 신이라고 분명히 말씀하셨는데."

"아이고, 아가씨. 거짓말하는 것들이 누가 '이건 거짓말'이라고 하나요? 오히려 거짓말쟁이는 거짓말을 진짜보다 더 진짜같이 하는 것들 아닌가요? 그러니 조심하셔야죠. 아가씨는 너무 남의 말을 쉽게 믿어서 탈이에요."

"그런가, 유모? 그럼 어떻게 확인을 하지?"

"별로 어렵지 않을걸요? 다음에 그 청년이 다시 찾아오면 간단한 부탁을 해보세요. 다음에 오실 때는 헤라 여신을 만나는 모습 그대로 꾸미고 오시라고요. 만약 그렇게 하신다면야 그분은 진짜 제우스 신이겠죠. 그러나 다시 나타나지 않으면? 그거야 당연히 가짜라는 증거일 거고요."

"그래? 그럼 어디……."

제우스가 세멜레를 찾아오자 그녀는 갑자기 아이스크림 사달라는 어린애처럼 떼를 씁니다.

"제우스 신께서는 저를 사랑하시나요? 아니면 그냥 심심하니까 찾아오시는 건가요?"

제우스가 미소를 지으며 말합니다.

"당연히 당신을 사랑하지요. 그렇지 않다면 이틀이 멀다 하고 내가 당신을 찾아오겠소? 남들 눈도 있는데."

"알겠어요. 그렇다면 제 소원을 하나만 들어주시겠어요? 소원을 들어주시면 저도 제우스 신께서 저를 진심으로 사랑하신다는 말을 믿을 테니까요."

"말해보시오. 저 스틱스 강에 대고 맹세하리다. 스틱스 강을 걸고 한 맹세는 우리 신들도 어기지 못하오. 뭐요, 소원이라는 게?"

얼굴이 보름달처럼 환히 밝아진 세멜레가 소원을 말합니다.

"진짜 제우스 신이시라면 다음에 오실 때 는 헤라 여신을 만날 때의 모습과 똑같이 꾸

미고 와주세요. 그러면 돼요."

아뿔싸, 제우스가 세멜레의 입을 막으려 했으나 이미 늦었습니다.

"다른 소원은 없소? 그 소원은 너무 위험해요. 당신은 인간이라 제대로 치장한 내가 가까이 오기도 전에 목숨을 잃고 말 거요. 당신을 잃고 싶지 않으니 제발 다른 소원을 말해보시오."

"스틱스 강에 걸고 맹세한다더니 금방 약속을 어기시겠다는 건가요? 당신 역시 진짜 제우스 신이 아니라 거짓말로 제우스 신 흉내를 내는 바람둥이였군요."

"그게 아니오. 당신을 위해서 그러는 거요. 내가 그 모습으로 나타나면 당신은 당장 그 자리에서 죽고 말아요. 그래도 좋다는 말이오? 고집 부리지 말고 다른 소원을 말해봐요. 아, 얼마든지 다른 소원이 있지 않아요? 보석도 좋고 아름다운 옷이며 꽃도 있을 텐데."

"저는 그 소원밖에 없어요. 그게 안 된다면 저도 당신을 거짓말쟁이로 알면 그만이에요."

"으흠……."

제우스가 무거운 마음으로 준비를 합니다. 될 수 있는 한 가장 작은 벼락을 들고 빛도 약하게 만들어 세멜레를 찾아갑니다. 그러나 아무리 약한 빛이라고 해도 인간은 신이 내뿜는 빛을 감당할 수 없습니다. 세멜레는 제우스를 보자마자 새카맣게 타서 죽고 맙니다. 애인의 손을 빌어 눈 밖에 난 상대를 해치우는 헤라의 말솜씨가 참 끔찍하군요. 잠시 귀만 긁어주면 되니까요. 귀가 너무 얇아서, 하찮은 의심에도 쉽게 넘어간 탓에 세멜레는 이렇게 사랑하는 이에게 목숨을 잃고 마는군요.

귀가 그렇게 얇아서야, 하지만 어떻게 그런 말을 조금도 의심하지 않을 수가 있겠어요? 생각해보면 우리는 누구를 가릴 것도 없이 이런 교활한 속삭임에 아무런 의심도 하지 않고 넘어가고야 마는 세멜레와 같은 존재거든요. 그런 속삭임을 들을 때마다 우리는 아마 열 번이면 열 번 다 타 죽을 길만을 고집할걸요? 의심이라는 병은 결코 시간이 흐르거나, 경험이 생긴다고 해서 피할 수 있는 소나기 정도가 아니니까요.

신들이 올림포스와 지상의 인간세계를 들락거리면서 어느새 그들의 눈높이도 인간과 같아집니다. 그들도 인간처럼 분노하고 시기하고 사랑에 대한 욕심을 버리지 못하죠. 그들의 괴로움과 한탄, 번민도 이 시대의 우리와 조금도 다르지 않습니다. 혹시, 나는 아니라고, 그런 잔꾀에 넘어갈 만큼 어리석지 않다고 자부하시는 분들은 특히 더 조심해야 할 겁니다. 어쩌면 그런 자만과 오만이 당신을 벨레로폰처럼 추락시킬지도, 자기를 낳아준 부모도 알아보지 못하는 오이디푸스의 어리석음을 되풀이하게 할지도 모르니까요. 조심해야죠. 조심은 아무리 해도 지나치지 않습니다.

신화에 등장하는 신이 너무 많고 이름도 기억하기 어려울 만큼 길다고 불평할 청소년이 있을지도 모르겠습니다. 그리고 그렇게 느끼는 것도 당연합니다. 하지만 저들의 가치관이나 상상력의 크기를 재보려면 그들의 길로 따라가볼 필요가 있습니다. 처음 자전거를 배울 때는 자주 넘어지고 쓰러지기도 하지만 어느 정도 자신감이 붙으면 넘어질 것을 염려할 이유가 없지 않나요? 신화도 마찬가지입니다. 하나씩 이름을 기억하다 보면 그 이름들이 낯설기는커녕 신기하고 재미있게 느껴질 겁니다. 어쩌다 신의 이름을 보면 그가 어떤 신인지도 곧바로 알아챌 수도 있을 거고요. 동굴을 들어가듯 천천히 함께 손잡고 걸어가보는 것도 재미있지 않을까요?

신화 속으로 들어가는 것은 하나씩 새로운 세계를 접하는 것이기도 합니다. 때로는 겁도 나고 너무 복잡해서 머릿속에서 지진이 나기도 하겠지만 한 걸음씩 내디딜 때마다 놀라운 신들이 나타나는데 달아날 생각만 해서야 되겠어요? 너무 오랫동안 한곳에 주저앉은 채 머뭇거리지 마세요. 머뭇거리기만 하는 호랑이는 파리 한 마리도 잡을 수 없거든요. 그러니 캄캄한 동굴을 정복하고 싶다면 용기를 내서 한 발만 내디뎌보세요. 오히려 괴물들이, 어둠이 먼저 꼬리를 내리고 달아날 테니까요. 그런 점에서 신화라고 하는 무궁무진한 동굴이 수없이 갈림길을 만들며 뻗어 있다는 것은 얼마나 신나는 일일까요? 굽이 하나하나마다, 발걸음 하나하나마다 엄청난 상상력의 다리가 무지개처럼 걸려 있을 테니까요. 그리고 보면 행복한 동굴

여행이야말로 신화의 다른 이름이겠습니다. 그러니 어서 저 동굴로 들어가세요. 저도 여러분과 함께 신화라는 신나는 동굴 탐험을 해 볼 셈이니까요.

생각 한 뼘 더 키우기

1 그리스 신화에서는 우라노스-크로노스-제우스로 세대교체가 일어납니다. 세대교체는 왜 필요한 걸까요?

2 제우스는 왜 바람둥이일까요? 그가 원래 바람둥이여서 그럴까요? 아니면 인간의 상상력이 커지고 관심이 다양해짐에 따라 더 많은 신이 필요했던 걸까요?

3 왜 그리스 신화에 관심을 가지게 되는 걸까요? 그리스 신화만큼 엄청난 이야기가 폭발하듯 피어난 것이 어디 또 있을까요? 어쩌면 당시 모든 사람들의 상상력이 그리스 신화라는 거대한 용광로에서 쇳물처럼 녹아 어우러져 있는 것은 아닐까요?

4 신과 연관된 단어들을 찾아보세요. 아마 여러분의 단어 실력이 크게 늘 거예요. 그 재미도 제법 쏠쏠할 거고요.

2장

재능을 어떻게 사용할 것인가

: 명장 다이달로스

재주는 양날의 칼인가

대장장이 신 헤파이스토스는 못생겨서 그렇지 손재주로는 만들지 못하는 것이 없습니다. 아테나 여신이 들고 있는 방패도 헤파이스토스의 작품입니다. 트로이전쟁에서 그리스군의 최고 장군인 아킬레우스의 갑옷과 칼을 만든 것도 바로 그입니다. 알파고만큼은 아니더라도 인공지능까지 갖춘 수레며 자신의 것과 조금도 다르지 않은 팔과 다리를 만들어 붙인 자도 바로 그입니다. 다만 하도 못생긴 탓에 미의 여신 아프로디테를 부인으로 얻어 '미녀와 야수'의 원조라는 조롱을 들으며 마음고생깨나 한 자도 헤파이스토스요, 제우스 옆에서 슬그머니 어머니 헤라 편을 들었다가 화가 난 아버지 제우스의 발길질에 차여 올림포스에서 지상으로 굴러 떨어진 자도 바로 그입니다. 게다가 그의 부인 아프로디테가 낳은 자식은 한둘이 아닌데 정작 헤파이스토스와 부인 아프로디테 사이에서 태어난 자식은 눈을 씻고 찾아보아도 보이지 않으니 좀 불쌍해 보이기까지 합니다.

다이달로스는 재주로만 따진다면 헤파이스토스가 부럽지 않습니다. 실제로 그는 헤파이스토스의 자손이기도 하죠. 그 재주가 다이달로스를 어디로 인도할지 궁금해지는군요. 머리가 뛰어난 사람은 그 뛰어난 머리를 사용해 출세도 하고 이름도 날립니다. 글을 잘 쓰는 사람은 글솜씨로, 춤을 잘 추는 사람은 춤으로, 노래를 잘 부르는 사람은 노래 솜씨로 해외에서도 부러워하는 스타로 대우를 받습니다. 그뿐인가요? 미남미녀들은 그 외모를 이용해 남들이 부러워하는 것을 차지하곤 합니다. 부럽죠? 하지만 지나치게 남을 부러워만 할 것이 아닙니다. 오히려 남들이 부러워하는 재주는 시기의 칼이 되어 바로 그의 목을 찌를 때도 많거든요. 클레오파트라, 양귀비를 비롯한 수많은 미인이 그 미모 때문에 출세와 추락을 되풀이하지 않았던가요? 다이달로스의 재주가 헤파이스토스에 못지않다고 말한 것도 이와 다르지 않습니다. 명성을 얻은 것도 그의 재주에서 시작되었으나 그의 비극도 결국 재주에서 비롯된 것이니까요.

다이달로스의 여정

다이달로스는 명장^{名匠}입니다. 뛰어난 장군이 아니라 뛰어난 솜씨를 가진 장인^{匠人}이라는 뜻이죠. 그의 손을 만나면 하찮은 돌도 예술 작품이 되고, 길가에서 뜯은 풀잎도 신비한 피리가 됩니다. 그리고 그런 재주를 특별히 누구에게 배운 것도 아니니 말 그대로 천부적 재능을 타고난 것은 틀림없는 모양입니다. 혹 아테나 여신이 그에게 기술을 전수했다는 말도 있지만 이는 그만큼 그의 재주가 탁월했다는 말이겠죠. 이렇게 그는 자신의 재주를 마음껏 이용해서 명성도 쌓고 그만큼 부도 누렸을 법합니다. 그러나 그랬다면 또 그에 대한 이야기는 이렇게 전해지지 않았을지도 모릅니다. 신들이 인간에게 재주를 내려주고 그 재주를 발휘할 무대를 만들어주곤 하지만, 그게 꼭 복이 아닐 수도 있다는 것을 명심할 일입니다.

사람이 선인이 되거나 악인이 되는 것도 아주 작은 차이에서 시작됩니다. 마치 소의 왼쪽 잔등에 내린 비는 황해로 흘러가고 오른쪽 등에 떨어진 빗방울은 동해로 흘러가는 것이나 마찬가지인 것처럼요. 다이달로스의 인생에서 방향타가 된 첫 번째 사건은 조카인 탈로스를 만나면서 일어납니다. 다이달로스의 누이는 제 아들 탈로스의 손재주가 제법 쓸 만하다는 것을 알고 좋은 스승을 찾아주고 싶어 합니다. 그러나 좋은 스승을 찾기 위해 너무 애를 쓸 필요도 없습니다. 그렇죠, 바로 동생에게 맡기면 되니까요. 더군다나 조카를 가르치는 일이니 한 가지라도 더 잘 가르치려고 애써줄 테니 이보다 좋은 일도 없겠습니다. 다이달로스의 누이는 그렇게 생각합니다. 처음에는 다이달로스의 생각도 그랬습니다.

공자의 진짜 이름은 공구孔丘입니다. 그럼 맹자의 이름은 맹구일까요? 그랬으면 기억하기도 좋겠지만 그건 아니고 그의 진짜 이름은 맹가孟軻랍니다. 그 맹자라는 분이 말씀하신 것 중에 군자삼락이라는 게 있죠. 그런데 이 군자삼락의 마지막 항목이 바로 천하 훌륭한 인재를 얻어 그들을 가르치는 교육의 기쁨입니다. 그러니 다이달로스도 영재를 가르치는 즐거움이 무엇인지 알았을 듯합니다. 워낙 뛰어난 제자를 두었거든요. 탈로스에게는 두 번 가르칠 필요가 없습니다. 이른바, 어깨 너머로 한 번만 보아도 그대로 따라할 정도거든요. 역시 피는 못 속이나 봅니다. 부전자전은 아니라도 그 외삼촌에 그 조카 정도는 되니까요.

그러나 모든 것이 좋기만 한 것은 아니라는 게 문제입니다. 똑똑하고 눈썰미 있는 조카를 가르치는 재미에만 푹 빠져도 모자랄 판에 밴댕이처럼 속 좁은 외숙부가 어느 날 엉뚱한 생각을 하거든요. '얘가 이러다 나보다 더 잘하는 거 아냐? 그럼 나는 뭐가 되지? 헤파이스토스만큼이나 잘났다더니 알고 보니 조카보다도 시원찮은 인간이라는 말이나 듣는 게 아닐까?' 그때부터 스승이자 외숙부는 조카를 가르치는 일에 더 이상 재미를 느끼지 못합니다. 그런데도 이 똑똑한 제자는 뛰어난 관찰력을 바탕으로 스승도 고안하지 못한 톱과 컴퍼스까지 발명해냅니다. 시기로 눈이 먼 외삼촌이 미치고 팔짝 뛸 노릇이군요. 청출어람이라는 말 아시죠? 쪽에서 나온 물이 쪽보다 푸르다는 뜻이니 스승보다 제자가 훨씬 뛰어나다는 뜻을 가진 말이죠. 물에서 나온 얼음이 물보다 더 차다는 것도 청출어람과 같은 뜻입니다. 소심한 다이달로스는 덜컥 겁이 납니다. 원래 소심한 사람들은 겁이 많거든요. 다이달로스는 조카 녀석을 그냥 두었다가는 지금까지 자신이 쌓아놓은 명성이 하루아침에 무너질지 모른다는 두려움에서 빠져나오지 못합니다. 이 자식만 없으면? 다이달로스는 어린 조카를 경계하고 점점 멀리하게 됩니다.

그랬으면, 그런 생각을 하다가 그냥 털어버렸으면 좋았을 것을, 다이달로스는 그렇게 하지 못합니다. 재주 있는 사람은 자신보다 뛰어난 재주를 가진 사람을 용납하지 못한다는 말도 어느 정도는 사실인 듯합니다. 나관중이 지었다는 『삼국지』 읽어보셨죠? 원제목은 '삼국지연의'인데, 삼국지는 알아도 삼국지연의는 처음 들어본다는 친구들도 많더군요. 하여간에 삼국지에서 주인공 행세를 꽤 한, 그러다 피를 토하며 죽어가던 오나라의 장수 주유가 하늘을 우러러 제갈량과 같은 시대에 태어난 것을 억울해하지 않던가요? "하늘은 이 세상에 나를 태어나게 하더니 왜 또 제갈량을 태어나게 하셨나요?"라고요. 다이달로스도 어린 조카를 더없이 무서운 경쟁자로만 인식하게 되면서 점점 나쁜 유혹에 사로잡히게 됩니다. '저 녀석만 없으면 내가 최고가 된다'는 유혹이 생겼습니다. 사람의 마음은 비슷비슷해서 서로의 생각이 뻗어나가는 것도 크게 다를 건 없거든요. 다이달로스는 마침내 악마의 유혹에 넘어갔는지, 제 욕심에 넘어가서 그랬는지 조카를 벼랑으로 유인해서는 갑자기 벼랑 아래로 밀어 죽이고 맙니다. 다만 신화에서는 조카가 불쌍해진 신이 그를 새로 변하게 했다는데 그래서 이 새는 지금도 사람을 피해서 절벽에 집을 짓는 '자고새'가 되었다죠. 인간에게 해를 당할까 두려워 인간의 손이 닿지 않는 바위틈에 둥지를 튼다는 그 자고새.

다이달로스는 이제 최고의 재주꾼이라는 명성은 유지하게 되었습니다. 하지만 다른 이름을 하나 더 달고 다니게 되었는데 그것은 당연히 '살인자'라는 이름표겠죠. 재판정에서 아무리 변명하고 자신은 결백하다고, 이런 누명을 쓰는 것은 억울하다며 눈물의 쇼를 했지만 아테네 재판정은 그에게 유죄 판결을 내립니다. 조카를 죽인 살인자 다이달로스, 재주가 꼭 복이 되는 것은 아니라는 알려주는 첫 번째 사건입니다.

조국에서 살인자라는 판결을 받은 그는 더 이상 아테네에 머물 수 없습니다. 스스로 떠나거나 추방당하거나 둘 중 하나죠. 그래서 그가 아테네를 떠나 도착한 곳이 바로 그리스 남쪽에 위치한 크레타 섬입니다. 한때는 지중해를 '우리 집 앞 바다'로 여길 만큼 힘을 자랑했던 크레타, 이 크레타 왕국의 주인은 미노스인데 이곳에서 다이달로스는 또 무슨 일에 휩쓸리게 될까요?

미궁이란 무엇인가

당시 크레타는 그리스 본토, 그중에서도 아테네보다 훨씬 막강한 힘과 문명을 자랑하던 곳입니다. 티그리스 강과 유프라테스 강 유역에서 피어난 메소포타미아문명과 나일 강 하류에서 피어난 이집트문명이 중심을 조금 서쪽으로 옮겨 지금은 크레타 섬에서 한창 꽃을 피우고 있는 중이거든요. 크레타 왕국의 왕은 미노스인데 그의 아버지는 바로 최고의 신 제우스랍니다. 황소로 몸을 바꾼 제우스가 한 여인을 등에 태운 채 지중해를 헤엄쳐 다니다가 이 크레타 섬에서 사랑을 나누었다는데 그 여인이 바로 미노스의 어머니인 에우로페고요. 오늘날 '유럽'이라는 말은 바로 이 여인의 이름에서 유래한 것이죠. 그런데 크레타 왕국의 임금 자리를 놓고 배다른 형제들과 자리를 다투게 되자 다급해진 미노스가 바다의 신 포세이돈에게 도움을 청합니다. "만약 제가 이 왕국의 주인이 된다면 잘생긴 소를 잡아 신에게 바치겠습니다." 그러자 조카의 청을 기쁘게 접수한 포세이돈이 크레타 왕국을 미노스가 차지하도록 도와주죠. 포세이돈은 벌써부터 조카가 차려줄 잔칫상에 크게 기대를 하는 눈치입니다. 왕이 된 조카가 황소를 잡아 숙부의 은혜를 기릴 것이라고 믿으니까요. 그런데 그렇게 되지 않았다는 게 문제입니다.

화장실 갈 때 다르고 나올 때 다르다는 말이 있죠? 도움을 청할 때의 심정과 도움을 받아 바라던 바를 이루었을 때 같은 상대에 대한 마음의 온도가 달라도 너무 달라질 수 있다는 뜻이죠. 왕위를 차지한 미노스 왕의 마음이 꼭 그렇습니다. 왕위를 차지하고 나자 그에게는 더 이상 무서울 것이 없습니다. 장애가 될 만한 것들은 모두 항복을 받거나 죽였고, 그것도 아니면 아주 멀리 유배를 보냈으니까요. 그러자 그에게는 점점 더 눈에 뵈는 것이 없게 됩니다. 무엇이나 자신이 최고인 것 같고, 그런 자신이 최고로 존경받는 것이 당연하고 또 당연하다고 생각하고, 자신보다 더 훌륭한 존재는 하늘을 포함해서 아무 데도 없다고 자부하는 중입니다. 그래서 포세이돈에게 도움을 청할 때의 간절한 마음은 아주 오래전에 잊어버렸을 뿐만 아니라 성질 더러운 숙부가 자꾸만 우습게 여겨지는 중이거든요. 그러니 그가 황소를 잡아 포세이돈에게 잔칫상을 차리려 하겠어요? 어림도 없죠. 그래도 약속은 약속이니, 포세이돈이 보내준, 눈처럼 흰 털이 돋보이는 황소는 자신이 차지하고 다른 소를 잡아 건성으로만 대충대충 상을 차립니다. '그럼 된 거 아냐? 약속은 지켰으니까.' 미노스의 생각은 그랬지만 조카에게 무시를 당한 포세이돈은 이를 북북 가는 중입니다. '조카라는 녀석이 하도 간절하게 부탁

하기에 애써 도와주었더니 이놈이 나를 우습게 알아? 그럼 어디 한번 내 손맛을 보여주지. 두고 봐라, 그래도 내가 신이 아닌지.' 이거, 포세이돈이 골이 나서 삼지창으로 거름을 찍어 내던

지듯 바다를 휘저으며 난리를 칠 만도 하겠는데요.

늑대가 아니라 황소가 나타났다? 사람들은 "그래? 그랬다는 말이지?" 하고 있는데 갑자기 생각이 이상한 곳으로 내달리는 사람이 있었습니다. 그는 바로 미노스의 아내인 왕비 파시파에였습니다. 무슨 일인지 몰라도 파시파에는 포세이돈이 보낸 황소를 볼 때마다 멋쟁이 남자를 만난 것처럼 가슴이 뛰다가 점점 그를 좋아하게 되더니, 이런! 마침내는 황소와 잠자리를 하고 싶은 허무맹랑한 생각이 그녀를 사로잡고는 떠나지 않네요. 그러나 방법이 없습니다. 에이, 황소와 여자가? 그것이 얼마나 이상하고 끔찍한 생각인지는 파시파에도 잘 압니다. 그렇지만 그러면서도 그 마음을 다스리지 못한다는 것이 더 큰 문제입니다. 도저히 이 못된 생각에서 벗어나지 못하게 된 파시파에가 결국은 도움을 요청합니다. 물론 그 상대는 다이달로스고요. '다이달로스, 어떻게 안 되겠어요?' 이런 뜻이겠군요.

조카를 죽이고 살인자가 되어 크레타로 도망쳐온 다이달로스는 시키면 시키는 대로 할 뿐 자신의 주장을 내세울 수 없습니다. 도망자인 자신에게 도움을 주고 있는 상대가 바라는 것을 못 들은 척, 무시할 수는 없으니까요. 그리고 가장 중요한 것은 다이달로스에게는 그녀의 소망을 들어줄 능력, 재주가 있다는 겁니다. 한숨을 쉰 다이달로스는 자신의 재주를 원망하며 몇 날 며칠을 혼자서 작업실에서 뚝딱거리더니 이윽고 조용히, 은밀하게 파시파에에게 신호를 보냅니다. "어떠세요?" 파시파에의 입 꼬리가 올라갑니다. 기대 이상,

120퍼센트 흡족하다는 표시입니다. 그녀 앞에 대령한 것은 아주 아름다운 암소였거든요. 누가 보았으면 그게 만든 작품이 아니라 진짜 살아 있는 암소라는 것을 의심하지도 않았을 겁니다. 그녀는 진짜 같은, 진짜 아닌 암소의 몸 안으로 들어갑니다. 얼마 후 나타난 황소가 다이달로스가 만든 암소를 진짜 암소로 알고 씨를 뿌리는데 10개월이 지나자 파시파에가 자식을 낳게 되죠. 그런데 그녀가 낳은 자식은 사람도 아니요, 짐승도 아니라는 게 더 놀라운 일입니다. 아니면 소이기도 하고 사람이기도 하다고 해야 할까요? 위는 황소이고 아래는 사람이라서 사람들은 반인반수인 이 괴물을 미노스타우로스라고 부르게 됩니다. 미노스의 황소라는 뜻이죠.

그제야 미노스는 자신의 잘못을 깨닫습니다만 일을 되돌릴 방법은 없습니다. 역시 자신은 인간이고 삼촌인 포세이돈은 무식하고 포악하기는 해도 신이었군요. 미노스는 아내가 낳은 자식을 보는 순간 이 일을 어찌 처리할지 골치가 아프기만 합니다. 그러나 역시! 사람의 생각은 조금만 지나면 서로 비슷한 곳으로 모아지게 마련이라죠. 맞습니다. 그도 역시 파시파에와 마찬가지로 다이달로스를 떠올린 겁니다. 더군다나 다이달로스가 이 일을 거들었다고도 하니 공범인 그를 그냥 놔둘 수도 없습니다. 미노스가 다이달로스에게 명령을 내립니다. "미궁을 만들어라. 애들 장난 같은 미궁이 아니라 어느 누구도 빠져나올 수 없는 미궁. 사람은 물론이고 신조차도 살아서는 빠져나올 수 없고 심지어는 그것을 만든 너조차 한번 들어가면 빠져나올 수 없는 미궁을 만들어라. 만약 누군가 그 미궁에서 살아나온다면 너는 네 자식과 함께 네가 만든 미궁에서 죽을 때까지 살아야 할 것이다. 알겠느냐?" 다이달로스는 이제야 자신의 재주가 복이 아니라 끔찍한 재앙의 채찍일지 모른다는 생각을 하게 됩니다. 다이달로스의 손재주는 누구 못지않게 뛰어나지만 머리는 그렇지 못하지 않나요? 이제야 재주가 복이기만 한 건 아니라는 것을 알아차리다니요.

다이달로스는 명장답게 있는 솜씨, 없는 재주를 다해 미궁을 완성합니다. 그렇게 고심해서 미궁을 만들고 보니 이런 곳은 자신조차 한번 들어갔다가는 도저히 빠져나올 수 없음을 직감합니다. 이거, 자신의 재주에 감탄해야 할지, 아니면 원망해야 할지 잘 모르겠군요. 미궁이 완성되자 미노스는 자신의 자식 아닌 자식을 미궁에 가두어버립니다. 힘도 세고 포악하기까지 한 이 짐승 같은 자식을 그냥 놔두었다가는 사람을 해칠 뿐만 아니라 미노스의 죄악을 뿔 나팔 불며 광고하는 꼴이 되고 말 테니 미궁에 가두는 것은 여러모로 다행스러운 일입니다. 다만 그냥 굶겨 죽일 수는 없고 그렇다고 내 백성을 희생시킬 수도 없으니 대신 아테네에서 잡혀온 사람을 먹이로 던져주면 될 일입니다. 이놈은 미궁 안에서 그렇게 살다가 죽겠죠. 제 손에 피를 묻힐 수는 없으니 그렇게라도 마무리할 수밖에 없습니다.

그러면 될 줄 알았는데, 꺼진 불도 다시 보아야 하는 일이 벌어지고 맙니다. 아테네의 용사 테세우스가 황소의 먹이가 될 일행에 끼었다가 미궁에서 미노스타우로스를 죽이고 '살아서' 나왔으니까요. 알고 보니 미노스의 딸 아리아드네가 테세우스에게 반해서 그에게 칼과 실꾸리를 건네주고는 자신은 실의 한끝을 잡고 그가 미궁에서 나올 때까지 기다리고 있었다는 것 아니겠어요? 그래서 테세우스는 실꾸리를 살살 풀며 한나절이나 미궁으로 들어가 괴물을 죽이고는 다시 그 실을 감으며 밖으로 무사히 나올 수 있었던 것이죠.

하지만 망신은 망신대로 당하고 딸까지 잃은 미노스는 도저히 화를 참을 수 없습니다. 그래서 화풀이를 다이달로스에게 합니다. "약속대로 해주마. 다이달로스, 너는 네 아들과 같이 미궁으로 들어가라. 너도 기억하고 있겠지? 누구든 살아나오는 자가 있거든 너를 아들과 함께 네가 만든 미궁에 가두고 말겠다고 한 말을." 일방적인 선언을 해놓고 그것을 약속이라 강요하거나 말거나 다이달로스는 또 그의 명령에 의해 미궁에 갇히는 신세가 되고 맙니다. 이번에도 그에게는 선택의 여지가 없군요. 다이달로스가 조금은 불쌍해지기도 하네요. 재주가 치명적인 독이 되고 있다는 것이 더 안돼 보입니다.

자신이 만든 미궁에 아들과 함께 갇힌 다이달로스는 절망합니다. 자신의 놀라운 솜씨에 한 번, 다시는 이 미궁에서 나갈 수 없으리라는 생각에 또 한 번 절망하고 맙니다. 그러다 생각합니다. '정말 방법이 없을까?' 발상의 전환이라는 말이 있죠? 생각을 바꾸어보라는 뜻입니다. 그러니까 꼭 들어온 문으로 나가야만 하는 건 아니겠군요. '그래, 어차피 들어온 곳으로 나갈 수 없다면 하늘로 문을 내면 되지 않을까?' 하늘 문? 그럴 듯하군요. 마침 미궁의 바닥에는 새의 깃털이 많이 떨어져 있네요. 먹을 것을 찾아 날아왔다가 길을 잃고 이 미궁에서 생을 마친 새들도 적지 않았던 모양입니다. 그만큼 다이달로스의 재주 하나는 기막히다는 뜻이군요.

다이달로스는 아들 이카루스와 함께 열심히 바닥에 떨어진 깃털을 모으더니 밀랍을 이용해 새의 날개 모양을 완성합니다. 그동안 열심히 새의 날개를 관찰한 것이 이런 발명을 낳기도 하는군요. 다이달로스에게 점차 희망이 눈에 어른거리기 시작합니다. '살 수도 있겠어. 아니, 살 수 있어. 그래, 내 솜씨가 어디 가겠어?' 그는 희망과 아들 이카루스를 앞세워 옥상으로 올라갑니다. 그래요, 옥상은 하늘과 닿아 있으니 옥상이 바로 하늘 문이 맞습니다. 더군다나 바람도 알맞게 불어주니 시험 비행이자 패러글라이딩 하기에는 아주 딱이고요.

다이달로스는 설레면서도 조금은 걱정스럽습니다. 철이 덜 들어서 그런지 피가 뜨거워서 그런지 스스로를 통제하지 못하는 아들 이카루스 때문입니다. 그래서 귀에 못이 박히도록 당부한 말을 몇 번이고 되풀이하게 됩니다. 늙으면 말만 많아진다더니 이때의 다이달로스를 대하는 이카루스의 생각이 꼭 그렇습니다. '자, 날개를 부드럽게 펴고 날아올라라. 겁먹을 필요는 없다. 새의 깃털이 우리를 여기서 무사히 벗어나게 해줄 테니까. 바람을 이기려 하지 말고 부드럽게 안아주렴. 그러면 우리는 새처럼, 아니 새보다 더 우아하게

날아갈 수 있을 거다. 다만 너무 높이 날아서는 안 된다. 태양신에 가까이 가면 깃털을 붙인 밀랍이 녹게 되니 그랬다가는 목숨을 부지하지 못한다. 그렇다고 너무 낮게 날다가는 날개가 힘을 얻지 못해 추락하고 마니 조심해야 한다. 다른 것은 걱정하지 마라. 시간이 없으니 신이 우리와 함께하기를 빌면서 이제 이곳을 떠나자꾸나.' 그러나 한동안 아버지의 걱정을 잊지 않던 아들은 어느 순간, 아버지의 당부도 잊고 높이 날아오릅니다. 그러자 이카루스의 날개에 문제가 생기기 시작합니다. 조금씩 밀랍이 녹고 깃털이 흩어지는가 싶더니 그는 그 무엇보다도 빠른 속도로 자유낙하! 추락하고 말았으니까요. 아버지의 당부를 귓등으로만 들은 탓에 젊고 뜨거운 피를 가지고 있던 이카루스는 이렇게 삶을 마감하고 맙니다. 추락한 이카루스를 끌어안고 다이달로스가 몸부림치던 해안을 우리는 '이카리아'라고 합니다. 조카를 죽인 대가가 이렇게 돌아온 걸까요?

미궁이란 미지의 동굴입니다. 그 깊이도, 그 길이도 짐작조차 할 수 없는 동굴 앞에 서면 누구나 두려움을 느끼고 맙니다. 두려움은 우리에게 자꾸만 무언가를 포기하라고 강요하죠. "죽기 싫으면 들어가지 마. 하기야 여기서 개죽음을 당하고 싶다면 모르지만." 미궁은 그렇게 소매나 발목을 붙잡으며 떨어지려 하지 않습니다. 그러니 겁이 나는 게 당연합니다. 금방이라도 무슨 괴물이 아가리를 벌리고 달려들지 모르니까요. 한 발 내딛는 순간 무언가가 그를 끌고 어느 불구덩이로 들어갈지도 모릅니다. 어쩌면 두려워서 포기한 자들의 합리화, 그것이 바로 미궁의 다른 이름이 아닐까요?

미궁이란 일종의 수수께끼이기도 합니다. 답을 모르는 동안은 정답이 무엇일까 안달하지만 알고 나면 다리에 힘이 빠지고 저절로 헛웃음이 나는 그런 수수께끼. 스핑크스가 문제를 내죠? "아침에는 네 발, 점심에는 두 발, 저녁에는 세 발로 걷는 것이 무엇이냐?"고요. 잠시 고민하던 오이디푸스의 머리에 불이 반짝 켜집니다. "사람이야. 사람은 어려서는 네 발로 기어 다니고 자라서는 두 발로 걷지만 늙으면 지팡이를 짚어야 하니 그게 사람 아니고 뭐겠어?" 대답을 듣자마자 스핑크스는 머리를 땅에 찧으며 죽고 맙니다. 스핑크스라는 괴물, 스핑크스라는 미궁은 이렇게 우리 두려움의 그림자에 지나지 않아 보입니다. 그러니 이제 더 이상 미궁 앞에서 두려워만 할 이유도 사라졌군요.

이카루스들이여, 한 번 더 생각하라

도전에 대한 열망은 이카루스들의 공통분모입니다. 목표가 없거나 열정이 없다면 아무도 이루지 못한 일에 덤벼들 이유가 없거든요. 그들은 수도 없이 시도하고 실패합니다. 열 번 찍어 안 넘어가는 나무 없다는 말도 있지만 도전의 세계에서 '열 번 찍는' 정도는 오히려 엄청난 행운이라고 보아야죠. 발명왕 에디슨이 실패한 횟수를 생각해볼 일입니다. 수학자들이 아직도 풀지 못하고 있다는 난제를 떠올릴 일입니다. 지금도 밀폐된 연구실에서 자신과 싸우며 한 걸음씩 내딛는 학자, 이카루스들은 실패를 두려워하지 않습니다. 그렇다고 해서 일부러 실패의 길로 들어서는 것도 아니죠. 나름대로는 최선이요, 가장 좋은 방법이라고 생각해서 시도하는 것뿐이죠. 그런데도 정답이 보이지 않으면 처음부터 다시 살펴보아야 합니다. 무엇이 문제였는지 알아낼 때까지, 방법을 찾아낼 때까지 도전은 계속될 것입니다. 그 기간이 길고 힘들어 수도 없이 포기하고 싶은 유혹에 빠지기 때문에 성공한 순간 마치 자신이 아르키메데스라도 된 양 저절로 '유레카EUREKA!'라는 말이 튀어나오는 거겠죠. 부력에 대한 영감이 머리에 스치는 순간 아르키메데스가 유레카라고 소리 지르며 알몸으로 목욕탕에서 뛰어나왔다는 말은 지금도 유명한 일화로 언급되고 있죠. '알았다!'는 말, '그렇지!'라는 말, 그 한마디의 기쁨 때문에 이카루스들은 지금도 포기하지 않고 밤을 새우고 있는 것인지도 모르겠습니다. 그 이카루스들에게 박수를!

그러나 이카루스들은 자신의 재주만을 믿고 오만해지거나 충고에 귀를 닫는 경우가 많다는 약점이 있습니다. 삶의 지혜에서 나온 진정한 충고가 늙은이의 잔소리로 들리고, 결정적 길잡이가 쓰레기처럼 내던져지곤 하거든요. 이카루스는 진심에서 우러나오는 아버지의 경고를 무시했기 때문에 추락하고 만 것입니다. 그러니 한 번 더 생각하라는 것입니다. 귀를 기울이지 않는 것은 자만하기 때문입니다. 상대를 인정하기 싫을 때도 이카루스들은 그들의 충고를 애써 외면합니다. '나 혼자서도 얼마든지 더 잘할 수 있어!' 그런 생각이 가슴을 채우고 있는 한 추락의 가능성은 더 높아집니다. 이카루스가 추락한 것은 결코 신의 벌이라고만 할 수 없습니다. 그렇지만 도전을 포기하지 않는 한 우리는 실패하는 것도 아닙니다. 적어도 실패한 만큼 성공으로 가는 길도 가까워졌을 테니까요.

무모하다 할지 모르지만 이카루스는 저 뜨거운 태양조차 언젠가 우리가 도달해야 하는 목표임을 말하고 있는 것은 아닐까요? 삼국통일의 주역 김유신 장군은 연을 날려 군사들의 떨어진 사기를 끌어올립니다. 라이트형제는 그들이 만든 비행기를 타고 겨우 200여 미터밖에 날지 못했습니다. 그러나 그러한 시도와 실패, 좌절과 성공이 징검다리처럼 이어져 지금 인류는 달을 지나 태양계를 탐험하고 있을 뿐만 아니라 먼 우주로 시선을 보내고 있는 것입니다. 무모하다고, 시간 있으면 낮잠이나 자는 게 어떠냐는 말을 함부로 할 것이 아님을 알겠습니다. 학문이나 과학만이 아니라 인간의 자유와 권리, 삶의 가치나 행복도 그렇게 얻게 된 것이죠. 그러니 가끔은 시선을 안으로 돌려 자신을 돌아볼 수 있어야 합니다. 그것이 비록 자신의 파멸을 부르는 나르키소스의 거울이라 할지라도 그 거울을 마주해서 스스로를 극복하는 것 또한 우리 이카루스들의 숙명이기 때문입니다.

재주가 자신의 욕심만을 위해 사용될 때는 파멸의 부메랑이 되어 돌아옵니다. 다이달로스는 자신의 재주로 인해 추락한 것입니다. 그러므로 진정한 재주의 가치는 더 많은 사람들에게 희망을 줄 수 있을 때 더 아름답게 피어나는 신비한 재능을 가지고 있다는 것을 잊지 말아야 하겠습니다. 아들과 달리 다이달로스는 미궁을 무사히 벗어나지만 그 이후로 그는 추락한 이카루스와 마찬가지로 다시는 신화의 세계에서 별다른 역할을 하지 못합니다.

다행스럽게도 지금 이 세상에는 다이달로스처럼 재주로 자신의 이익만을 추구하지 않고 더 많은 사람들에게 빛이 되려는 이카루스들이 아주 많은 것 같습니다. 다만 실패는 성공의 어머니라는 말도 있듯이 다이달로스의 성취와 실패 또한 오늘의 우리가 잊지 않도록 해야 되겠죠. 핑계를 대고 포기하지만 않는다면 실패도 실패가 아니요, 새로운 시도이거나 과정일 뿐이니 그것이 결코 부끄러운 일은 아니라는 믿음을 가지면서요.

생각 한 뼘 더 키우기

1 괴물 미노스타우로스는 반은 인간이고 반은 황소입니다. 인간의 내면에도 이성과 감정, 선의와 악의와 같이 대립하는 두 속성들 이 미노스타우로스처럼 대립하며 싸우고 있는 것은 아닐까요?

2 이카루스의 비행과 추락은 도전과 실패를 떠올리게 합니다. 그 의 추락을 더 의미 있게 생각할 수 있는 이유는 무엇일까요?

3 다이달로스가 뛰어난 재주를 가지고 있으면서도 비극의 주인공 이 된 것은 무엇 때문일까요?

4 하늘에서 길을 찾다? 혹 평면적 사고를 깨트린 입체적 발상의 전 환이란 이런 것이 아닐까요?

3장

운명이라면 피한다고 해서 될 것이 아니다

: 운명의 우편배달부 벨레로폰

판박이, 아니면 데칼코마니?

그런 경우도 있겠지, 하는 생각이 들었습니다. 우리나라 사람이 독일에 가서 콩쥐팥쥐 이야기를 했더니 그 사람들이 웃더라는 겁니다. "왜 그래?" 기분이 상해서 물었더니 그중 한 사람이 웃음기를 거두고 말했습니다. "그거 우리나라 이야기인데." 들어보니 이 나라에도 우리나라 콩쥐팥쥐와 똑같은 전설이 있더라나요? 등장인물의 이름, 지명만 바꾸면 저 자신도 '뭐가 달라?' 하고 묻고 싶을 만큼요. '그럴 수도 있지. 아니, 사람들의 생각은 의외로 공통적인 것이 많으니까 오히려 그게 이상할 것도 없어' 그런 생각이 들었답니다. 결론은 콩쥐팥쥐 이야기가 우리나라 이야기이기도 하고 독일의 이야기이기도 하다는 것이었고요.

이처럼 닮은 사람이 아주 많듯 판박이처럼 똑같은 이야기도 의외로 아주 많습니다. 아주 오래오래 살았다는 장수 설화? 그런 이야기는 지구 어디에나 있습니다. 가난한 사람이 복을 받는 이야기? 그런 이야기도 제주도 유채꽃 송이만큼이나 많을 겁니다. 그 밖에 홍수 설화, 욕심 많은 부자가 벌을 받아 마을은 연못이 되고 사람들은 물고기가 되었다는 '장자 못 설화'는 마을마다, 골짜기마다 길가의 민들레처럼 아무 데서나 만날 수 있는 것들입니다. 공연히 '우리'만의 것이라고 했다가는 한 대 쥐어박히거나 거짓말쟁이 취급 받기 십상일걸요? 벨레로폰 이야기도 그렇습니다. 벨레로폰 신화를 따라가다 보면 전혀 다른 신화를 읽고 있는 듯한 착각에 빠지곤 합니다. 펠레우스 이야기가 바로 그것입니다.

아이아코스 왕에게는 아들이 셋이 있었습니다. 그런데 그가 왕이어서 그랬는지 바람기가 많은 사람이어서 그랬는지는 몰라도 맏이 텔라몬과 둘째 펠레우스의 어머니는 같은 분이지만 막내 포코스의 어머니는 다른 분이었던 것이죠. 모르면 몰라도 막내인 데다 어머니까지 달라서 포코스는 어릴 때부터 눈물 바람이나 뿌렸을 법합니다. 덩치가 훨씬 큰 형들이 못살게 굴면 어리고 힘없는 막내로서는 마땅히 대응할 방법이 없거든요.

혹 자라면서 막내인 포코스가 좀 어리바리하고 그래서 부엌 강아지처럼 화풀이 대상이나 되었다면 그래도 좀 나았을지 모릅니다. 경쟁 상대가 아니라 꿀밤 한두 대 맞고 넘어가면 그만이었을 테니까요. 그런데 그렇지 않았다는 것이 문제입니다. 포코스는 모든 면에서 못난 형들을 앞서갑니다. 우선 너무 잘생겼습니다. 화날 일이죠. 머리도 좋고 붙임성도 아주 뛰어납니다. 속이 끓을 일이군요. 게다가 무엇을 해도 두 형은 언제나 조연일 뿐입니다. 달리기를 하든, 원반던지기를 하든, 아니면 말타기, 활쏘기를 하더라도 저 꼴 보기싫은 자식은 언제나 형보다 나은 동생 없다는 말이 새빨간 거짓임을 증명하기 위해 이 세상에 태어난 것만 같습니다. 그래서 질투에눈이 먼 형들은 포코스를 죽여 몰래 파묻고는 시치미를 떼는데, 비록 주범은 형 텔라몬이지만 범죄를 숨기고 시신을 감추는 등 협력을아끼지 않은 펠레우스도 벌을 피하기는 어렵습니다. 이 사실을 알게된 아버지 아이아코스는 두 아들을 추방해버립니다.

그래서 펠레우스는 프티아로 오게 됩니다. 펠레우스는 왕 악토르의 아들 에우뤼티온의 친구였거든요. 악토르는 이 아들 친구를 환영하는데, 얼마나 반했는지 선뜻 딸 안티고네를 주어 사위로 삼기까지 합니다. 펠레우스는 얼마나 좋았을까요? 물에 빠져 허우적대다 잃은 보따리도 찾고 예쁜 처녀까지 만난 셈이니까요. 새옹지마라는 말 아시죠? 좋은 일이 나쁜 일의 시작일 수도 있고 나쁜 일이좋은 결과로 이어질 수 있다는 뜻인 새옹지마. 펠레우스가 꼭 그렇군요. 아르테미스 여신이 화가 나서 지상에 내려보낸 멧돼지를 잡기 위해 펠레우스는 형 텔라몬과 함께 멜레아그로스를 도우러 간적이 있습니다. 거기서 펠레우스는 이 사나운 괴수를 쓰러트려 용사의 이름을 날리는 것이 아니라 공교롭게도 처남이기도 한 에우뤼티온을 죽이고 맙니다. 힘차게 던진 창이 하필이면 목표물을 빗나가 그에게 명중했거든요. 악토르도 참지 못하고 사위이자 아들의 원수를 추방합니다.

동생 죽인 죄를 씻기도 전에 또다시 추방을 당한 펠레우스는 이번에는 이올코스로 가서 아카스토스에게 몸을 기댑니다. 그러나 여기서도 오래 머물지 못하죠. 아카스토스 왕의 부인 아스튀다미아가 펠레우스를 유혹하거든요. 당연히 거절을 하지만 그것으로 끝이 아닙니다. 펠레우스의 거절에 앙심을 품고 도끼눈을 뜬 왕비가 펠레우스의 부인 안티고네에게 편지를 보내거든요. "당신의 남편 펠레우스가 다른 여자를 만나 결혼하려고 하는데 당신 안티고네 때문에 망설이고 있다고. 당신, 어쩔 거야?" 어떻게 할까 고민을 하던 안티고네가 아스튀다미아의 뜻대로 자살을 하고 맙니다. 펠레우스를 생각하는 마음은 알겠지만 그리 현명하다고는 할 수 없네요. 한 여자의 꾀에 보기 좋게 넘어가 제 목숨을 버리고 말았으니까요.

아스튀다미아가 다시 펠레우스를 유혹합니다. 아내도 죽었으니 이제 마음이 바뀔지 모른다고 생각한 것이겠지만 그건 엄청난 착각이었습니다. 펠레우스는 단호히 거절합니다. 그러자 한층 더 모욕감을 느낀 이 여자는 화를 참지 못하고 남편에게 거짓말을 하고 맙니다. "저 자식이 나를 유혹했어요." 아카스토스도 화가 나서 그를 데리고 펠리온 산으로 사냥을 갑니다. 기회를 보아서 누군가의 손에 죽게 하려는 거지만 펠레우스는 이 산에서 반인반마 케이론을 만나 오히려 우정을 돈독히 합니다. 훗날 펠레우스가 여신 테티스와 결혼해서 낳은 아들, 그리스 최고의 용사 아킬레우스를 맡겨 스승으로 삼은 자가 바로 케이론 아니었던가요? 어찌 되었든 아카스토스의 흉계를 알게 된 그는 친구들을 모아 이올코스를 공격하고, 악녀 왕비를 처형하고 맙니다. 이것이 펠레우스 이야기의 한 부분입니다. 그럼 그와 판박이라고 여겨지는 벨레로폰 이야기는 어떨까요?

벨레로폰, 동생을 죽이다

벨레로폰은 이름에서부터 피 냄새가 납니다. 그 이름은 동생 벨레로스를 죽인 자라는 뜻이거든요.

페르세우스가 아테나의 방패와 헤르메스의 날개 달린 가죽신, 베지 못할 것이 없는 금강검 하르페, 무엇이든 다 담을 수 있는 통자루 키비시스를 빌려 머리카락이 온통 뱀인 메두사의 목을 자른 적이 있다지 않아요? 한때는 머릿결조차 탐스럽고 아름다운 데다가 천하의 미인이었던 메두사는 죽기 전에 이미 포세이돈의 씨를 받아 잉태를 하고 있었는데 그 씨에서 탄생한 것이 바로 천마 페가수스와 벨레로폰이었다는 겁니다. 그래서 벨레로폰의 서류상 부모는 실제와는 달리 글라우코스와 에우리노메(크레타 왕국의 미노스 왕에 반한 나머지 아버지 니소스 왕의 보라색 머리카락을 잘라 적국의 왕 미노스에게 바친 탓에 나라도 망하고 사랑도 거절당한 스킬라의 여동생)입니다.

포세이돈은 바다의 신이지만 거센 파도의 모습은 갈기를 세운 채 힘차게 질주하는 말을 연상하게 합니다. 그가 바닷가에 위치한 아테네의 시민들에게 말과 샘을 주려 했다는 것은 이런 이유일 겁니다. 그러나 그랬다면 포세이돈도 머리가 좀 모자라는군요. 아테네에서 말은 그리 필요한 동물이 아니거든요. 지리적으로 산악 지형이 대부분인 그리스는 말을 활용하기 어려운 곳입니다. 기병대도 조직할 수 없고 그럴 필요도 느끼지 못할 만큼 지형이 험악하죠. 그렇지 않았다면 기원전 490년 페르시아의 다리우스 대왕이 보낸 대군과 싸워 승리한 저 유명한 마라톤전투에서 한시 바삐 다음 대비를 하라고 페이디피데스를 전령으로 보내면서 그에게 맨발로 달려가라 했겠어요? 그래서 그는 인간의 마음을 얻지 못하고 올리브를 선물로 들고 온 아테나에게 도시를 내주어야 했다죠? 당시 아테네 사람들에게는 말이나 샘보다는 올리브가 더 절실하게 필요했던 모양입니다. 하기야 과거 아테네의 주요 무역상품 중 가장 중요한 것은 바로 올리브였으니 당장 그들에게 더 필요한 것은 말이 아니라 올리브였을 것 같기도 합니다. 척박한 땅밖에 없는 그리스 사람들은 그래도 올리브 덕에 무역을 한다며 바다로 나갈 수 있었으니까요.

어느 날, 아버지 글라우코스는 아주 좋은 식인마를 얻고는 대단히 좋아합니다. '식인'이라는 말보다는 어찌 되었든 아주 좋은 말을 얻었다는 생각이었으니까요. 그러나 말에 대한
그의 욕심은 마르지 않는 샘과 같았던 모양입니
다. 그렇지 않았다면 그리 조급해했을 리가
없을 테니까요. 당시 새끼를 얻기 위해 종
마를 교배하는 것은 아프로디테를 기리는 축
제일에만 하도록 되어 있었는데도 글라우코스
는 하루라도 빨리 명마를 얻기 위해서 종마사를 협박해 씨 받을 날
짜를 멋대로 정하고 맙니다. 그러니 아프로디테의 눈꼬리가 비틀려
올라가지 않을 수 있겠어요? "이것들 봐라, 나를 무시해? 어디, 두
고 보자." 두고 보자는 놈 하나도 안 무섭다는 말도 있지만 이 무슨
말씀? 그것이 신의 비위를 건드렸을 때는 아주 큰일 날 소리입니다.
오히려 조심하고 또 조심할 일이죠.

한편, 부전자전이라고, 아버지처럼 뛰어난 말을 가지고 싶었던 벨
레로폰은 아프로디테가 지어낸, 말의 형상을 한 구름을 천마로 착
각해 이를 사로잡으려 활을 겨눕니다. 그런데 그가 힘차게 날린 화
살은 엉뚱한 방향, 그러나 아프로디테가 의도한 방향으로 정확히
날아가 동생 벨레로스를 죽이고 맙니다. 게다가 이 소식을 듣고 놀
라 달려온 아버지 글라우코스도 놀라 날뛰던 식인마에 밟혀 삶을
마감하고 말죠. 그러니까 그는 동생을 죽인 벨레로폰이기도 하지만
아버지를 죽인 글라우폰이기도 한 것이죠. 그것이 본인의 뜻은 아
니었다지만 끔찍한 죄를 지은 그는 더 이상 코린토스에서 살 수 없

습니다. 그래서 그는 아르고스로 가서 친구인 프로이토스에게 의탁하게 된 것입니다. 그래도 친구가 좋기는 하군요. 역시 믿을 건 가족이나 친구밖에 없으니까요.

영웅을 위협하는 것은 또 다른 영웅이라는 말이 있지만 무시무시한 상대는 오히려 그의 용맹스러움을 강조하기 위한 단역일 때가 많습니다. 오히려 영웅의 진정한 적은 오만이나 자만, 아름다운 여자나 질투처럼 힘이나 용맹만으로는 도저히 제압할 수 없는 경우가 많죠. 벨레로폰에게도 이런 일이 일어납니다. 프로이토스의 아내인 안테이아는 한눈에 이 잘생긴 영웅에게 눈이 멀고 마는데 이게 사건에 불을 붙이게 되니까요. 그를 유혹하고자 눈이 뒤집히고 말거든요. 그러나 벨레로폰은 차마 그럴 수가 없습니다. 그는 죄를 짓고 나라에서 쫓겨난 처지이니 먼저 자신의 죄를 씻어내야 합니다. 그런데 죄도 씻기 전에 친구의 여자와 사랑에 빠지다니요? 더구나 그녀는 위험한 고비를 함께 넘은 전우의 아내가 아닌가요? 그렇다고 해서 그 일을 친구인 프로이토스에게 털어놓을 수도 없습니다. 움츠릴 수도 뗄 수도 없는 벨레로폰, 그저 속이나 끓일 수밖에요.

하지만 정작 미치고 팔짝 뛸 만큼 속이 탄 사람은 프로이토스의 아내 안테이아입니다. '네가 날 무시해? 얼마나 잘났기에? 나를 이렇게 비참하게 만든 너를 그냥 놔둘 것 같니?' 그 모든 이유가 오직 자신에게 있건만 그녀의 생각은 전혀 다릅니다. 그래서 이 여자는 남편 프로이토스에게 이 자식이 자꾸 치근거려서 못살겠다고 눈물을 흘리며 연극을 합니다. 프로이토스도 이 일의 기승전결, 사건의 처음과 끝이 어떻게 돌아가는지 전혀 모르는 멍청이가 아닙니다. 그는 아내의 더러운 속셈도 알고 친구 벨레로폰의 사람됨도 압니다. 그러나 아는 것과 알고 싶은 것이 다를 때는 문제가 되겠죠. 남자는, 게다가 영웅은 자신보다 더 잘난 영웅을 여간해서는 인정하려 들지 않는 버릇이 있습니다. 더군다나 자신은 왕이고 그는 우리 집에서 무료 급식을 받는 나그네의 처지가 아닌가요? 직접 친구를 죽여 일을 덮고 싶지만 그럴 수도 없는 프로이토스는 꾀를 내어 한 가지 제안을 합니다. "친구여, 우리 기분도 꿀꿀한데 사냥이나 가세. 누가 더 많이 잡을지 내기를 하면 더 좋고. 어떤가?" 벨레로폰은 이 돼지감자, 한마디로 뚱딴지 같은 제안에 어이가 없지만 거절할 권리가 없다는 것도 잘 압니다. 사냥터에서 프로이토스의 속내는 빠르게 드러납니다. "자, 말한 대로 사냥을 해서 해가 질 때 그 결과를 가지고 다시 만나세. 여기서 이기는 자가 진정한 영웅이 되는 걸세. 행운을 비네." 벨레로폰은 혼자 사냥해야 하지만 프로이토스는 부하들이 모두 사냥꾼이자 도우미입니다. 누가 보아도 공평하지 못한 시합. 하지만 벨레로폰에게는 알고는 있어도 '이건 불공평해!'라며 말할 권한은 없습니다. 어쩌겠어요? 그저 꿀 먹은 벙어리처럼 열심히 사냥을 해서 잡은 짐승의 혀를 잘라 자루에 담는 수밖에요.

잔뜩 창피를 주고 알아서 떠나게 하려던 계획의 연출자는 프로이토스였지만 모든 일이 연출자가 짜놓은 계획대로만 되는 것은 아닌 모양입니다. 그래서 최선을 다한 뒤에 천명을 기다린다는 말이 있는 것인지도 모르지만요. 놀랍게도 벨레로폰이 잡아 잘라낸 짐승의 혓바닥 수는 프로이토스 부하들이 잡은 짐승의 숫자보다 많았거든요. 거기서 멈추었으면, 그랬으면 그런대로 유종의 미는 아니더라도 큰 화를 당하지는 않았을 것을, 창피하기도 하고 화가 난 프로이토스는 기어이 친구의 목숨을 빼앗으려 합니다. 벨레로폰에게 잔뜩 술을 먹인 후에 쓰러진 친구를 산속에 버리고 자기만 돌아왔거든요. 사나운 짐승이 우글거리는 산속에 술에 취한 친구를 버린 채 그의 칼까지 감추어버리고 산을 내려갔다는 것은 자신의 손에 피를 묻히지 않았다 뿐이지 직접 죽이는 것과 다르지 않았을 것입니다. 벨레로폰, 이렇게 끝나는 걸까요?

그러나 벨레로폰은 반인반마이면서 수많은 영웅의 스승이기도 한 케이론의 도움으로 무사히 살아 돌아옵니다. 그러나 자신의 힘으로 더 이상 방법이 없다는 것을 안 프로이토스는 무리하게도 다른 수를 쓰려 합니다. 그가 말합니다. "여기에 더 머물기가 힘들다면 편지를 써줄 테니 내 장인을 찾아가게. 그분은 절대 사위의 친구를 섭섭하게 대할 분이 아니니까. 이건 내가 자네의 친구이기에 베푸는 호의일세. 어떤가?" 말을 섞기 싫은 벨레로폰은 짧게 대답하고 맙니다. "고맙네." 그래서 그는 리키아의 왕 이오바테스를 찾아온 것입니다.

벨레로폰의 편지

리키아의 왕 이오바테스가 잘생긴 청년 벨레로폰을 환대합니다. 역시 첫눈에 반할 만큼 멋쟁이군요. 손님을 맞아 환대하는 것은 주인의 예의, 더구나 왕이라는 체면도 있는데 쩨쩨하게 손님을 냉대할 수는 없죠. 마침 괴물이 나타나 나라를 온통 쑥대밭을 만들고 있는 중입니다. 괴물의 이름은 키마이라. 키마이라 산에 소굴을 가지고 있어서 붙은 이름이니 '키마이라 산의 괴물'이라는 뜻이겠습니다. 아니, 산이 키마이라이고 키마이라가 괴물이기도 한 겁니다. 그런데 역시 괴물답게도 키마이라는 사자의 머리에 산양의 몸통, 거기다 징그럽게도 뱀의 꼬리를 가지고 있는데 활을 쏘거나 창을 던질 수도 없을 만큼 불을 뿜어내는 능력도 대단합니다. 그런데 창으로도 안 되고 화살로도 닿을 수 없다면 이는 도저히 당할 수 없다는 말 아닌가요? 그래서 영웅이 필요한 것이기도 한 것이겠고요.

벨레로폰은 왕에게 프로이토스의 편지를 전합니다. 사위의 편지를 건네받은 왕은 당시 습관대로 9일 동안이나 잔치를 베풀고 나서야 그가 가져온 편지를 뜯습니다. 그런데 그 내용이 참으로 기막힙니다. "이 청년은 참으로 대단한 영웅입니다. 그러나 이 청년이 자꾸만 제 아내를 넘보는 것은 도저히 참을 수 없습니다. 그를 처치할 능력이 못 되는 사위를 대신해서 장인어른께서 제 전우이기도 했던 이 청년을 없애주십시오." 자신을 죽이거나 해코지하라는 내용을 담은 편지(소식)를 자기 자신이 우편배달부가 되어 전하는 것을 우리는 이 청년의 이름을 따서 '벨레로폰의 편지'라 부릅니다. 프로이토스와 벨레로폰, 이들은 함께 아르고 호를 타고 황금 모피를 그리스로 가져온 전우였습니다. 그런데 사위는 이런 전우를 죽여달라네요. 피로 맺어진 친구라고 해서 무조건 마음 놓을 일도 아닌가 봅니다.

편지에는 "청년이 자신의 딸 안테이아를 넘본다"라고 쓰여 있었지만 이는 사실이 아닐 겁니다. 남편보다 훨씬 더 잘생긴 청년을 유혹하던 딸 안테이아가 청년에게 거절을 당하자 오히려 "저 자식이 나를 유혹한다"라고 남편에게 일러바친 것임을 딸 안테이아, 편지를 쓴 사위만이 아니라 장인 이오바테스도 충분히 짐작하고 있습니다. 사랑이 분노로 변했다고 하지만 승리와 질투처럼 사랑과 분노도 떼려야 뗄 수 없는 자매지간이랍니다. 벨레로폰, 그에게 어떤 일이 벌어질까요?

이오바테스가 벨레로폰에게 제안을 합니다. "사위의 편지에는 구구절절이 친구인 자네가 최고의 영웅이라 칭송하고 있는데 내가 보기에도 그 말이 거짓이 아님을 알겠네. 그래서 하는 말인데, 소문을 들어서 아는지 모르지만 지금 이 나라에는 키마이라라고 하는 괴물이 나라를 온통 쑥대밭을 만들고 있다네. 그러나 그 괴물을 당할 자는 아무도 없었네. 어떤가? 자네가 이 괴물을 물리쳐 친구의 장인인 나와 이 나라 백성의 근심을 씻어주지 않겠나?" 연극도 잘

하지만 그 말의 대부분은 사실이니 나름대로 마음을 울리는 면도 있었을 법합니다. 그리고 영웅은 이런 부탁을 거절하는 법이 없죠. 위험에 빠진 미녀, 바위에 묶인 채 괴물에게 당할 처지에 내몰린 안드로메다를 목격한 페르세우스가 그녀를 외면하던가요? 그럴 리가 없죠. 상대가 얼마나 대단하고 무서운지는 알 필요도 없습니다. 벨레로폰도 자신이 물리쳐야 할 괴물에 대해 아무것도 모르면서 씩씩하게, 아주 용감하게 대답합니다. "알겠습니다. 제가 괴물을 처치해드리지요."

큰 소리를 친 벨레로폰은 자신이 싸워야 할 상대가 얼마나 어마어마한 괴물인지를 알고 나서야 슬그머니 겁을 먹습니다. 그렇다면 무작정 덤벼들 수는 없겠군요. 예언가 폴뤼이도스를 찾아갑니다. 그런데 폴뤼이도스, 그는 절대 비 온 날 개구리 울 듯하는, 하찮은 점쟁이 따위가 아닙니다. 그는 크레타 왕의 부탁으로 이미 죽어버린 왕자 리비코스를 살려냈을 만큼 대단한 사람이거든요. 또한 크레타를 떠나면서 아주 간단히 자신이 가르친 그 재주를 되돌려받은 사람이기도 하고요. 그가 리비코스에게 말합니다. "괜찮으니 내게 침을 한번 뱉어보게." 리비코스가 스승에게 침을 뱉자 그가 배운 재주도 스승에게 돌아가고 말았죠. 스승에게 침을? 절대 해서는 안 될일인 것 잘 아시겠죠? 그리고 보니 벨레로폰, 영웅답게 사람 보는 눈도 밝은 사람임을 알겠습니다.

폴뤼이도스가 당부합니다. "그 일을 하려면 천마인 페가수스를 얻지 않으면 안 되네. 그런데 천마는 바로 벨레로폰 자네의 피붙이가 아닌가? 그러니 방법이 있을 것이네." "아무리 그렇다 해도 페가수스가 어디에 있는지도 모르지 않나요? 더구나 그 말은 결코 인간에게는 승복하지 않는다던데요." "걱정하는 것은 당연하지만 그러니까 자네가 적임자라는 것 아닌가? 페가수스는 페레이네 샘 근처에 있을 것이네. 페가수스를 다루려면 황금 고삐가 있어야 하는데 그러려면 아테나 신전을 찾도록 하게. 혹 아프로디테의 신전으로 가지 말고. 알겠나? 큰일을 앞두고는 행동을 바르게 하는 게 좋아." 아프로디테 여신의 신전에는 몸을 파는 여자들이 많았다는데 유혹에 빠지기 쉬운 청년 벨레로폰은 이들에게 눈길 한 번 주지 않고 곧바로 직진하다 좌회전, 그렇게 아테나 신전으로 찾아갑니다.

폴뤼이도스의 충고대로 벨레로폰은 아테나 신전을 찾아 제물을 올리고 소원을 빕니다. 그러다 잠이 들었는데 아테나 여신을 만나 황금 고삐를 얻은 벨레로폰은 꿈에서도 참 좋았겠습니다. 그러다 꿈을 깼는데, '꿈이었구나!' 하며 아쉬워하는데 세상에, 이런 복이 없네요. 꿈에 얻은 황금 고삐가 잠을 깬 그의 옆에 떡 하니 놓여 있었거든요. 벨레로폰은 아테나 여신에게 감사의 기도를 올리고 신전을 나섭니다. 그러니 그가 천마 페가수스가 있는 페이레네 샘을 찾는 것은 목마른 나그네가 마을 우물가에서 수줍은 처녀에게 물 한 바가지 얻어먹는 것보다도 쉬운 일이었을 겁니다. 게다가 알렉산드로스에게 사납기 그지없는 말 부케팔로스가 한순간 순한 양이라도 된 양 복종한 것처럼 황금 고삐를 본 천마는 스스로 다가와 고삐를 걸게 했으니, 이제 키마이라도 조심하는 일만 남았습니다. 하기야 그런다고 무엇이 달라지겠습니까마는.

　벨레로폰이 페가수스를 타고 하늘로 날아오르는 순간 축지법이 따로 없습니다. 산이며 강, 모든 것이 빠른 속도로 뒤쪽으로 달려가니 천마를 타고 나는 일이 축지법이나 다를 게 없죠 뭐. 그리고 3차원인 존재는 4차원의 존재와 겨룰 수 없습니다. 초등학생과 대학생의 싸움에도 비교될 수 없는 일이니까요. 키마이라가 불을 뿜어 겁을 주었다지만 이는 그저 본능적인 행동이었을 뿐 겨우 숨 한 번 쉴 시간만큼만 그의 생명을 연장할 수 있었을 뿐입니다. 누구는 벨레로폰이 이 괴물의 아가리에 납덩이를 던져넣었다고도 하지만, 창을 날리는 것으로 되어 있는 그림이 많은 것을 보면 실제로 그 모습을 목격한 사람은 아무도 없었다는 뜻이겠

습니다. 직접 보지 않고도 진심으로 믿는 자는 진짜 복을 받은 사람이라는 말이 있는데 벨레로폰이 키마이라를 정복하는 광경을 보지 못했기 때문에 사람들은 상상력을 마음껏 발휘하게 된 것이겠네요. 삶이란 참으로 겉과 속을 구분하기 어려운

뫼비우스의 띠보다도 오묘하군요! 때로는 '보지 않은 것'이 아니라 '보지 못한 것'이 이렇듯 복이 되기도 하다니요.

아마 이오바테스 왕은 생각만으로도 두려움에 몸을 떨게 하는 키마이라를 떠올리면서 자신의 손에 피 한 방울 묻히지 않고 벨레로폰을 아주 깔끔하게 처치했다고 믿었을 겁니다. 하지만 이는 그도 영웅이라기보다는 평범한 사람이라는 증거죠. 사위가 그토록 칭송을 했는데도 이 영웅의 진면목을 그는 알아보지 못했거든요. 그래서 벨레로폰이 괴물을 처치했는데도 왕은 그에게 다시 아마존족을 공격하게도 하고 자신의 병사들이 그에게 죽음을 당하는 것을 볼 때까지도 한사코 그를 죽이려고만 듭니다. 그러다 그의 진짜 크기를 알고 나서야 죽이려던 자를 사위로 삼습니다. 역시, 상대하기 버거운 적을 다루는 가장 좋은 방법은 그를 내 편으로 만드는 것이군요.

벨레로폰은 이오바테스가 내민, 바로 자기가 전달한 편지를 보고서야 일의 전말을 알게 됩니다. 분노한 그는 아르고스 원정대의 친구들을 찾아 프로이토스를 치고 사건의 주범인 그의 아내를 페가수스에 태워 바다에 버리는 것으로 일을 마무리합니다. 물론 "다 용서해준다"며 잠시 그녀를 속이기도 하지만 이는 그녀의 악행에 비하면 불공평하다며 떼를 쓸 수도 없을 것입니다. 그리고 얼마 후, 장인이자 왕인 이오바테스가 죽자 그는 리키아의 왕이 됩니다. 그리하여 그때부터 그는 행복하게 아주 오래오래 살았답니다, 라고 하면 좋겠는데, 일이 영 생각한 대로 돌아가지 않는다는 게 문제네요. 그렇게 보면 신화란 참으로 얼마나 많은 갈래와 다양한 얼굴을 숨기고 있는 미궁인지요?

벨레로폰의 추락

벨레로폰은 리키아의 재앙인 키마이라를 퇴치해 최고의 영웅이 되었으며 자신을 해치려던 프로이토스와 안테이아를 벌했고 마침내 리키아의 왕이 되었습니다. 그랬으면 되지 않았을까요? 그런데 그게 아니군요. 모든 것은 오르막이 있으면 반드시 내리막이 있기 마련이거든요. 날마다 뜨는 태양도 상승과 하강을 되풀이하지 않나요? 여름이 가면 머지 않아 겨울이 오고 봄에 씨앗을 뿌리게 되면 가을이 가기 전에 이를 거두어야 하는 거고요. 영웅 벨레로폰에게도 반전이 일어납니다.

그런데 이상한 일입니다. 정점을 지나게 되면 영웅도 어느 한순간 바보가 되고 말거든요. 놀라운 능력과 재주, 예리한 판단력과 용감함도 한꺼번에 그에게서 사라지고 맙니다. 그뿐이겠어요? 이미 내면의 소리와 담을 쌓은 그는 더 이상 남의 충고를 귀담아들으려 하지 않습니다. 그러다 보니 현명한 조언자도 더는 그의 곁에 머물지 못하죠. 그의 속내가 이렇습니다. '나는 지상에서 가장 용맹하고 뛰어난 자다. 그런 나에게 감히 누가 충고를 한다는 말인가? 그럼

네가 나보다 더 똑똑해? 그런 인간이 왜 내 밑에 있지?' 진심으로 충고하는 벗에게 치유할 수 없는 상처를 주기도 합니다. 눈에 뵈는 게 없게 된 영웅이 생각한다는 것도 꼭 이따위로만 돌아가거든요. '신? 그것이 별거냐? 내가 신보다 못한 게 뭐가 있지? 나와 맞서 겨룰 신이라는 존재가 있기는 있을까? 나는 신보다 더 높고 귀한 존재가 아닐까? 그렇다면 천상 올림포스에 올라가 나도 한 자리를 달라고 해? 안 되면 천상을 빼앗으면 되고.'

하지만 아무리 영웅이더라도 인간은 신을 무시해서는 안 됩니다. 신과 인간은 차원이 다른 존재거든요. 인간에게 무시당할 만큼 우스운 신은 없다는 것을 명심할 일입니다. 헤파이스토스를 아무리 추남에, 다리 병신이라고 욕해도 인간이 그를 당할 수는 없죠. 또한 신들은 인간의 오만을 절대 용서하지도 묵인하지도 않습니다. 그들은 합심해서라도 신에게 대든 인간에게 무지막지한 징벌을 내립니다. 그런 판에 페가수스를 타고 천상에 오르려는 벨레로폰을 신이 귀엽다며 보고만 있을까요? 그야말로 어림도 없는 소리죠. 결국 제우스가 손톱으로 튕겨낸 등에 한 마리로 인해 그는 '방황의 들'이라는 알레시온에 추락하고 맙니다. 역할을 마친 페가수스는 제우스의 명으로 하늘에 올라가 별자리로 남고요. 알레시온에 떨어진 벨레로폰은 갈대에 찔려 눈까지 먼 채 다리를 절뚝이며 방황하다가 삶을 마감하고 맙니다.

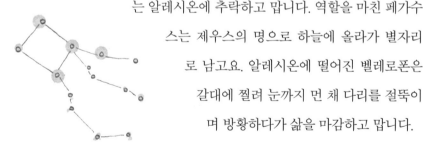

허망한 일이 아닐 수 없습니다. 인간은 도전하고 시련을 극복해 내면서 삶의 넓이를 한 뼘씩 한 뼘씩 넓혀왔습니다. 그러면서 생각도 깊어지고 상상력도 함께 커지게 된 것이죠. 벨레로폰은 시련에 임하는 자세가 어떠해야 하는지를 보여줍니다. 비겁하지 말라, 악이나 속임수와 손잡지 말라, 한번 굴복한 자에게서 비굴함은 그림자가 되어 죽을 때까지 따라다니기 마련이다, 높은 자리에 올랐다면 더 귀를 열고 경청하라, 오만하지 마라 등등. 하지만 훈장의 잔소리가 지겹지 않은가요? 신화는 단지 이런 것만을 알기 위해 만나는 것이 아닐 겁니다. 그러려면 굳이 신화를 만날 이유도 없습니다. 사전이나 한두 번 열어보면 족할 테니까요.

신화는 인간의 상상력에 날개를 달아줍니다. 빛나는 별 무더기 사이에서 얼마나 많은 이야기가 피어났는지를 생각해보시기 바랍니다. 바라보기만 해도 나무와 언덕, 꽃이며 강에서 누군가, 무언가가 옷깃을 잡으며 말을 건네지 않던가요? 그렇다고 신화가 현실과 전혀 무관한 것도 아닙니다. 신화도 결국 현실을 바탕으로 해서 피어난 꽃이니까요. 신화는 끝없이 인간으로 하여금 현실을 직시하게 하고 어떻게 현재의 난관을 헤쳐나갈 것인지를 생각하게 합니다. 함께 살아야만 아름다운 세상을 만들 수 있다는 것도, 무엇보다 자신의 내면의 이야기에 귀를 기울여야 한다는 것도 바로 오늘의 우리를 위해 꼭 필요한 것임을 절감하게 하는 것이 바로 신화입니다.

벨레로폰의 이야기도 다르지 않습니다. 그저 '그런 이야기가 있더라'가 아니라 자신을 벨레로폰에 대입시켜 지금 내가 무엇을 할 것인가를 깊이 생각하게 하는 것이 이 이야기죠. 인간이 하늘을 날게 된 것은 헤르메스의 날개 달린 가죽신보다는 고대 신화의 라이트형제인 이카루스와 벨레로폰의 공이 훨씬 더 큽니다. 지금도 '이제 무엇이 문제인가? 무엇을 깨트리고 무엇을 추구해야 할 것인가?'를 묻고 있다면 먼저 벨레로폰을 떠올리세요.

모든 인간은 제우스의 자식이 아니라 모순과 부조리로 가득한 시시포스의 자손일지도 모른다는 생각을 해봅니다. 혹 그가 시시포스의 손자라서 그런가요? 벨레로폰을 따라가다 보면 신의 권위를 비웃기라도 하듯 끝없는 형벌에 묵묵히 맞서 여전히 정상으로 돌을 밀어 올리고 있는 시시포스의 모습이 함께 떠오르니까요. 그럴 것 같습니다. 절망이나 체념 같은 마음속의 악마를 몰아내는 것이 그리 쉬운 일은 아니겠지만, 끈기 있게 한 걸음씩, 헝클어진 실타래를 풀어가듯 한 걸음씩 내딛는 것은 바로 오늘의 우리가 할 일입니다. 그리고 악마란 우리의 내면에 있는 또 다른 비겁함이나 두려움, 유혹을 가리키는 말일 겁니다. 그 악마를 이긴 자를 우리는 영웅이라 부르는 것이겠고요. 그러니 비록 동굴 속처럼 어둡다 하더라도 한 걸음씩 쉬지 않고 나아가는 것 또한 고달픈 우리 삶에 내리는 복이 아닐까요? 단언컨대, 우리가 한 걸음 내딛기만 하면 겁을 잔뜩 집어먹은 악마가 먼저 슬금슬금 뒷걸음질 칠걸요.

생각 한 뼘 더 키우기

1 벨레로폰이 살인자라는 것은 무엇을 의미할까요? 벨레로폰에게
   살인자라는 낙인이 주는 긍정적인 요소는 없을까요?

2 벨레로폰은 천마 페가수스를 타고 하늘로 날아오릅니다. 그에게
   페가수스는 어떤 의미일까요? 비범한 존재임을 돋보이게 하는 도
   구이자 조력자일까요? 아니면 창공을 정복하려는 의지일까요?

3 괴물 키마이라는 벨레로폰에게 어떤 역할을 하고 있을까요?

4 벨레로폰의 추락은 자신의 내면을 다스리지 못하는 자가 받을
   형벌만을 가리키는 것일까요?

4장

운명을 콤플렉스로 만들다

: 비극적 삶을 견디어낸 오이디푸스

운명은 우리가 만나야 할 현실

문둥이 시인으로 많이 알려진 한하운(본명 한태영)의 「전라도全羅道 길」이라는 시에 "가도 가도 붉은 황톳길/숨 막히는 더위 속으로 절름거리며/가는 길//신을 벗으면/버드나무 밑에서 지까다비를 벗으면/발가락이 또 한 개 없다"라며 한탄하는 구절이 있습니다. 그리고 이 시에는 '소록도 가는 길'이라는 부제가 붙어 있군요. 지까다비는 헝겊으로 만든 신발을 가리키는 일본말인데, 이 시를 보면 고등학교 때부터 문둥병 증세를 보이던 한하운 시인이 겪은 참혹한 삶의 한 굽이를 어렴풋이나마 짐작할 수 있을 듯합니다.

소록도는 일제강점기부터 나병 환자들을 수용하고 돌보던 섬이죠. 섬 모양이 사슴을 닮았다 해서 소록도라는 이름이 붙었다고 하지만 문둥병 환자들에게 이 섬은 이름만큼 평화로운 곳은 아니었습니다. 일제가 물러가고, 억압에 신음하던 우리나라 사람들이 새로운 기대를 품고 있던 1945년 8월의 어느 날, 이 섬의 나병 환자들은 어이없는 광경을 목격하게 됩니다. 환자들의 식량을 빼돌리던 정상인들은 그 현장을 들키자 제대로 변명도 하지 못하고 "내일 10시 중립지대에서 만나자"라는 말만 남기고 주춤주춤 사라집니다.

중립지대란 정상인과 환자 들이 사는 지역을 갈라놓은 경계 지역을 말합니다. 환자들은 그 말을 믿고 대표들을 뽑아 중립지대로 보냅니다. 그러나 그곳에는 밤새 끔찍한 음모가 준비되어 있었습니다. 환자 대표들이 중립지대로 들어서자 대나무를 뾰족하게 깎아 만든 죽창을 비롯해 총과 몽둥이를 든 정상인들은 다짜고짜 겁을 주며 환자 대표들을 무릎 꿇린 뒤 건방지다며 몽둥이질을 해대기 시작했습니다. 여기저기 아수라장이 벌어지는 가운데 죽창은 환자들의 무릎을 뚫고 땅에 박혔으며 정상인들은 거동도 불편한 이들에게 총질까지 해댔습니다. 정상인들에게 문둥병 환자는 사람이 아니었던 거죠. 그들은 이 환자들을 구덩이에 던져넣고 송진 기름을 붓고 불을 질렀습니다. 산 채로 구덩이에 내던져진 이들은 결국 모두 불에 타 숨지고 말았죠.

나병 환자는 어디서도 사람대접을 받지 못했습니다. 그것은 동양이나 서양이나 마찬가지였죠. 무언가 엄청난 죄를 지은 탓에 하늘의 벌인 천형에 걸렸다고 생각했기 때문이죠. 한때는 문둥이를 죽이는 것을 죄라고 생각지도 않았고 오히려 그들이 가까운 곳에 거처를 마련하기라도 할 눈치면 그들의 모든 것이 불에 타 없어지기도 했다죠. 이 병에 걸리면 코뼈가 주저앉고 눈썹도 다 빠지는 데다가 손가락과 발가락이 몇 개씩 떨어져나갑니다. 생각만 해도 흉측한 모습이 끔찍하지 않나요? 그런데도 그들은 통증을 느끼지 못해 손가락, 발가락이 떨어져나간 것도 뒤늦게 알곤 했던 것입니다.

한하운의 시를 보며 나병 환자들의 지옥 같은 삶이 떠올랐습니다. 물론 그들이 절름거리며 고통스럽게 산 것은 결코 그들이 씻지 못할 죄를 지었거나 하늘로부터 벌을 받았기 때문이 아닙니다. 마찬가지로 오이디푸스의 삶도, 그가 장님이 된 채 방황을 하게 된 것도 그의 잘못이라고만 할 수 없습니다. 고통스러운 삶에 내몰리면서도 그 이유를 찾기 어려울 때 우리는 그것을 '운명의 장난'이라고 하는데 한하운이나 오이디푸스의 삶을 그저 운명 탓이라고만 하기에는 너무 가혹하다는 생각을 지울 수 없습니다.

모든 것은 예언에서 시작되었다

테바이(테베)의 왕이 된 라이오스가 신탁을 듣게 됩니다. 그런데 그 내용이 아주 해괴하고 끔찍합니다. "아들을 낳지 마라. 만약 부인 이오카스테가 아들을 낳게 되면 그 아이는 자라서 친아버지를 죽이고 친어머니와 베개를 같이하게 될 테니." 라이오스는 놀랐습니다. 그것이 자신의 죄 때문이 아닐까? 도둑이 제 발 저리듯 라이오스는 저절로 손발이 오그라드는 것을 느낍니다. 그러게요. 죄짓고는 편히 못 산다니까요.

라이오스가 피사 왕에게 의지해 살 때의 일입니다. 피사 왕의 은혜도 갚고 시간도 의미 있게 보낼 겸해서 라이오스는 왕자인 크리시포스의 개인교사를 자청합니다. 하는 일 없이 얻어먹기만 하는 것이 영 면목이 없다면서요. 그러자 왕도 기뻐하며 크게 벌어진 입을 다물지도 못한 채 연신 고맙다며 고개를 숙였습니다. "진작부터 아들의 스승이 되어주시면 좋겠다 생각하면서도 차마 부탁을 드리지 못했는데." 얼마나 감사한지 모를 일이라는 겁니다.

라이오스는 크리시포스에게 창던지기, 말타기 등의 무예는 물론 음악, 문학, 예술, 과학, 수학 등 전반적인 것을 열심히 가르칩니다. 크리시포스도 모범 학생답게 그의 지식을 알뜰히 받아들이죠. 그런데 어느 날부터인가 라이오스는 이 듬직하고 잘생긴 제자에게 야릇한 감정을 품기 시작합니다. 호모라고 하던가요, 커밍아웃이라고 하던가요? 라이오스는 남자이면서 동성인 이 왕자를 사랑하는 감정에 휘말리게 된 것입니다. 라이오스가 아무리 자신의 감정을 수습하고 정리하려고 해도 일단 그의 마음을 차지한 이 감정은 사라지기는커녕 시간이 지날수록 눈덩이처럼 더 커지기만 합니다. 그래서 라이오스가 그에게 사랑을 고백하지만 크리시포스는 단번에 고개를 저으며 "노!"라고 거절해버립니다.

그렇다면 어쩔 수 없다며 물러서면 될 것을 라이오스는 그렇게 하지 못합니다. 오히려 사랑을 거절당하자 모욕감과 분노에 휩싸여 크리시포스를 목 졸라 죽이고 말거든요. 라이오스는 은혜를 조금이나마 보답하고 싶다더니 도리어 이런 끔찍한 죄를 지어 배신하다니요? 그러고도 그는 몰래 피사에서 도망쳐 테바이로 돌아와 왕이 됩니다. 그런데 이런 인간을 신들이 그냥 두고만 볼까요?

라이오스가 당장 곤란한 처지에 빠진 것도 아니면서 굳이 신탁을 물은 이유도 무슨 벌을 받을지 궁금했기 때문입니다. '어째, 신이 가만히 있지? 특히 신성한 남녀의 결혼을 주관하는 헤라 여신이 조용히 넘어갈 리가 없는데?' 그런데 이렇게 끔찍한 신탁이 내렸다네요. 라이오스, 이 운명을 피할 수 있을까요?

라이오스가 신탁을 거스르는 방법은 아주 간단합니다. 아내 이오카스테가 아들을 낳지 않도록 하면 되니까 죄 없는 여자에게는 안 된 말이지만 그녀를 아주 멀리하거나 그녀의 주소를 지상에서 저승으로 옮겨주면 됩니다. 그러나 라이오스는 가장 확실한 제일의 방법을 실행하지 못합니다. 차마 아내를 죽일 수 없기 때문이겠죠. 그렇다면 차선이 없는 것도 아닙니다. 라이오스는 이오카스테의 방에 들어가지 않기로 합니다. 하지만 이런 결심이 언제까지 갈 수 있을까요? 술을 마신 어느 날, 그가 아내의 방을 찾아 잠자리를 같이하고 맙니다. 하룻밤 잠자리를 같이한다고 해서 꼭 임신을 하는 것은 아니니까 라이오스는 아무런 일이 일어나지 않기를 바랍니다. 그렇지만 그렇게 되겠어요? 잠자리를 같이한 후로 불길하게도 아내의 배가 점점 불러옵니다. 아들이냐, 딸이냐? 이제 50퍼센트의 확률! 라이오스는 특별히 딸을 좋아하는 딸 바보도 아니면서 이때만큼은 아내가 딸을 낳기를 바라는 마음이 아주 간절합니다. 그렇지만 헤라가 흥, 콧방귀를 뀌어서 그랬던 건지 결과는 아들입니다. 예언은 이렇게 확실하게 시동을 거는군요.

아들을 버리다

아내가 아들을 낳자 라이오스는 두려움에 몸을 떱니다. "어쩌지?" 몇 날 며칠을 고민하던 라이오스가 오랫동안 그의 양치기였던 호위병 하나를 불러 아이를 내주며 은밀히 지시합니다. "너는 이 아이가 누구인지 알 필요가 없다. 아니, 누구인지 알아서는 안 된다. 너는 이 길로 키타이론 산으로 가서 이 아이를 튼튼한 나무의 기둥에 묶어두든지 그것도 아니라면 그냥 나뭇가지에 걸어두기만 하면 된다. 네 손으로 직접 이 아이를 죽이라는 것은 아니다. 그랬다가는 너도 신의 벌을 피하지 못할 테니까. 그리고 너는 그 나무가 어디에 있는지 기억하지 않아도 되고 다시는 이 테바이 성으로 돌아오지 않아도 괜찮다. 알겠느냐?" 호위병은 아이를 받아 몰래 키타이론 산으로 들어갑니다.

　호위병은 아이가 불쌍합니다. 갓난아이를 짐승의 먹이로 던져주는 것은 자신이 직접 죽이는 것과 다르지 않다고 생각합니다. 신의 벌을 피할 수도 없을 거고요. 그래서 그는 평소에 친하게 알고 지내던 이웃 나라의 양치기에게 아이를 건네줍니다. "이 아이의 내력에 대해서는 나조차 아는 게 전혀 없네. 그러니 자네도 이 아이에 대해서 아무것도 알려고 하지 말게. 그랬다가는 자네뿐만 아니라 나나 그 아이도 무사하지 못할 테니. 그리고 이제부터 자네가 이 아이를 어떻게 하든 그건 자네의 자유일세. 알겠나?" 서로 다른 나라 왕의 양을 돌보던 이들은 가을이 깊어지면 각자의 양 떼를 몰고 자기 나라로 돌아갔는데 이번에는 어린아이까지 주고받게 되었네요. 그 운명이 어찌 될까요? 버려진 아이가 영웅이 될지 아닐지 첫 번째 시련이 닥친 셈입니다.

　양 떼를 우리에 몰아넣은 이웃 나라의 양치기가 갓난아이를 왕에게 바칩니다. 자식이 없어 걱정하던 왕과 왕비는 금실로 발목 힘줄을 묶은 탓에 퉁퉁 부은 아이의 발을 보고 장난삼아 이 아이를 오이디푸스라고 부르게 됩니다. 오이디푸스는 '부은 발'이라는 뜻입니다. 오이디푸스는 이때부터 테바이의 왕자가 아니라 코린토스의 왕자로 자연스럽게 신분을 바꾸어 자랍니다. 물론 코린토스의 왕 폴리보스와 왕비 멜로페를 부모로 여기면서요. 부모에게 버림을 당해서도 이렇게 잘 자라고 있는 것을 보니 어쩌면 이 아이가 그저 평범한 인물이 아닐지도 모른다는 생각이 드는군요.

세월이 흘러 어느새 오이디푸스도 훤칠한 청년으로 성장했습니다. 그러던 어느 날, 언뜻 "굴러온 돌이 박힌 돌을 빼려 해?" 하는 숙부의 불평을 듣게 됩니다. '누가 굴러온 돌이라는 말이지?' 의문은 해소되지 않으면 자꾸만 커지기 마련입니다. 눈덩이를 굴리면 굴릴수록 점점 더 커지는 것이나 마찬가지죠. 굴러온 돌이 누구인지 모르면서도 오이디푸스는 '그럼 나는 누구지?' 하는 의문을 풀기 위해 델포이 신전으로 갑니다. 아폴론 신전이 있는 이곳의 신탁은 신묘하기로 유명하답니다. 옛날, 아폴론은 웬만한 언덕보다도 덩치가 큰 뱀 퓌톤을 화살로 쏴 죽인 일이 있습니다. 얼마나 컸던지 통에 있던 화살이 다 비어서야 이 왕뱀의 목숨도 끊어졌다는데 아폴론은 이 왕뱀의 암컷을 무녀, 퓌티아로 바꾸어 자신의 신전에서 신탁을 전하게 했다는 것입니다.

퓌티아는 최면에 걸린 듯 몽롱한 상태에서 신의 말을 듣는데 이를 접신이라고 합니다. 신의 혼령이 몸이 깃든다는 것인데 우리나라에도 무녀들이 공수(신이 들린 상태에서 신의 말을 전하는 일)를 할 때에는 신기하게도 이미 죽은 누군가의 목소리로 전하는 것을 볼 수 있습니다. 그러나 접신 상태에서 깨어나서는 자신이 한 말을 아무것도 기억하지 못합니다. 오이디푸스는 기가 막힙니다. 신탁의 내용이 황당했거든요. 자신이 '아비를 죽이고 어미와 잠자리를 같이할 자'라는 겁니다. 머뭇거리던 그는 신전에서도 쫓겨납니다.

이제 오이디푸스도 아버지의 나라 코린토스와 이별을 해야 할 판입니다. 부모에게 그런 짓을 할 수는 없으니 차라리 부모를 떠나는 게 낫겠다고 생각합니다. 그래서 코린토스로 가는 길을 버리고 낯선 길로 들어섭니다.

시비가 붙었습니다. 좁은 산길이라 두 대의 마차가 마음 놓고 지나기기 어려울 듯합니다. 하지만 바퀴 자국이 있으니 서로 양보하면서 지나면 못 지날 것도 아니겠습니다. 하여 수레에서 내려 지나가려는데 건방지게 길을 비키지 않았다라며 채찍이 날아오는 것 아니겠어요? 화가 난 오이디푸스는 그들을 벼랑에 내던져버리고 호위병 한 놈이 달아나거나 말거나 말 한 마리까지 챙겨 그곳을 떠납니다. 방금 벼랑에 떨어져 죽은 노인이 안되기는 했지만 그거야 그가 먼저 채찍을 휘두르며 시비를 건 결과이니 내 탓이겠어요? 당연히 제 탓이죠.

그러나 좀 걱정입니다. 오이디푸스가 걷는 길은 바로 테바이로 향하는 길이거든요. 그는 어느새 누군가의 살인자가 되어 자신의 고향으로 돌아오고 있습니다. 신탁이 농담이 아니라면? 그러나 정작 오이디푸스는 그것을 알지 못합니다. 오히려 코린토스를 벗어났으니 무시무시한 신탁에서도 다소 멀어졌으리라 생각하는 중입니다. 이렇게 하면 신탁을 무효로 만들 수는 없다고 해도 좀 늦출 수는 있을 것이라고 생각해서 일부러 코린토스를 피한 것이거든요. 그런데 지금 테바이로 들어가는 길목에 있는 신전에 이상한 괴물이 나타나 사람을 해친다는 소문이 들립니다. 이 괴물은 이집트나 에티오피아에서 사는데, 사람들이 스핑크스라고 부른답니다. 지금도 이집트의 피라미드 앞에 떡 버티고 있는 것이 바로 스핑크스 아닌가요? 사자의 몸과 꼬리, 커다란 날개를 가진 이 괴물의 상반신은 아주 아름다운 여자랍니다. 그리고 스핑크스는 '목 졸라 죽이는 자'라는 뜻이라는데 불길하지 않나요? 바로 오이디푸스의 친아버지인 라이오스가 그렇게 사람을 죽였으니까요. 그런데 이 괴물은 이상하게도 꼭 남자에게만 문제를 내어 그가 정답을 맞히지 못하면 죽이고 만다네요. 문제가 무엇인지 궁금하지만 그것을 아는 사람은 아무도 없습니다. 아직 정답자가 없으니까요.

오이디푸스에게 의욕이 일어납니다. '그래? 괴물이 나타나 그런 짓을 한다면 내가 한번 가보자. 어차피 성으로 들어가려면 다른 길도 없으니.' 피할 수 없다면 즐겨라 정도는 못 되어도 도망가지만 말고 정면으로 부딪쳐라? 신전에 이르자 여기저기 죽은 남자들의 시체가 즐비합니다. 오이디푸스를 발견한 스핑크스가

그에게 달려들더니 다짜고짜 묻습니다. "무엇인지 알아? 네 발로도 걷고 두 발로도 걷고 세 발로도 걷는 것이? 모르지? 모르지?" 빨리 모른다고 말하란 듯이 가슴을 내밀고 다그칩니다. 갑자기 질문을 받으니 어지럽기도

합니다. 더구나 이건 여자인지 사자인지 이상하기 짝이 없는 것이 마구 몰아대니 정신을 차리기도 어렵습니다. 그런데 정신이 어지러운 중에도 무언가 불이 환하게 켜집니다. "사람이다. 사람은 어려서는 네 발로 기고 자라서는 두 발로 걷다가 늙으면 지팡이를 짚으니 세 발이지, 안 그래?" 대답을 듣자마자 스핑크스는 신전 바닥에 머리를 찧으며 죽고 맙니다.

신의 예언을 완성하다

오이디푸스가 테바이 도성으로 들어서자 환호가 일어납니다. 나라의 근심거리이던 스핑크스를 간단히 물리친 영웅이니 그럴 만도 하겠습니다. 그리고 이 괴물을 물리쳐준 영웅에게는 그에 걸맞게 입이 떡 벌어질 선물도 준비되어 있습니다. 로또도 이 선물에 비하면 새 발의 피입니다. 선물 목록에는 이 나라의 임금 자리에 덤으로 왕비까지 들어 있으니까요. 이제 오이디푸스는 나그네 신분에서 왕으로 수직 상승합니다. 혹 지금 하루하루 살기 힘든 사람들도 실망하지 않고 열심히 살다 보면 어느 날 이렇게 신나는 선물을 받을 때도 있지 않을까요?

그러나 선물이 꼭 좋기만 한 것은 아닙니다. 공짜 점심이 없듯이 공짜 선물도 위험하기는 마찬가지입니다. 그리고 그 선물이 분수에 넘치는 것일 때는 더욱 그렇죠. 그는 영웅으로 환대를 받으며 왕비와도 결혼해 행복합니다. 그런데 이전 왕 라이오스는 델포이 신전으로 아폴론의 신탁을 직접 들으러 가다가 말 도둑에게 죽음을 당했다는군요. 그래서 라이오스의 동생 크레온이 잠시 왕위를 맡았다가 오이디푸스에게 자리를 양보했다는 겁니다. 죽은 사람에게는 안되었지만 오이디푸스에게는 복이 넝쿨째 굴러 들어온 건가요?

신은 느긋이 기다립니다. 신들은 20년 정도는 숨도 쉬지 않고도 기다릴 줄 안다니 줄다리기라도 하면 챔피언이 되는 것도 식은 죽 먹기겠습니다. 신들이 때를 기다리며 술이나 마시는 사이 시간이 흐를 만큼 흘렀는지 오이디푸스는 두 아들과 두 딸을 낳습니다. 다복하군요. 그러나 그는 이미 그 자신이 신의 예언, 아비를 죽이고 어미와 잠자리를 같이한다는 예언을 완벽하게 실현했다는 것을 전혀 모릅니다. 신의 예언이 장난이나 농담이 아니라는 것을 안다면 오이디푸스도 너무 자아도취에 빠져 우쭐댈 것이 아닌데 크게 걱정이 되는군요.

어느 때부터인지 테바이 도성이 술렁이기 시작합니다. 신의 벌이 시작된 건가요? 마을마다 집집마다 병으로 죽어가는 사람들로 인해 울음소리가 커집니다. 무슨 병인지, 어떻게 해야 하는지 아무도 알지 못한 채 집집마다 곡성이 끊이지 않습니다. 미처 장례를 치르지 못해 시체 썩는 냄새가 코를 찌르고, 병은 부모 자식을 잃고 울부짖는 사람들에게까지 퍼집니다. 이러다가는 백성들이 다 죽어나갈 판입니다. 혹시 신들이 테바이를 없애버리기로 작정이라도 한 것은 아닐까요? 아무도 아는 이가 없으니 또다시 델포이로 가서 신탁을 청할 수밖에 없겠습니다.

신탁을 받아온 이는, 자신에게 왕위를 양보한, 라이오스의 동생인 크레온이었습니다. 크레온의 표정이 아주 심각하게 일그러져 있군요. 마치 자신의 잘못으로 이러한 재앙이 일어나기라도 한 듯 몸을 떨기까지 합니다. 모든 사람이 한결같이 신탁이 무엇인지 궁금해 하는데도 그는 입을 벌리기조차 두려워하는 듯합니다. 마침내 오이디푸스가 다그칩니다. "신탁이 내렸소? 신탁이 내렸다면 어서 빨리 전해주시오." 그러나 크레온은 말합니다. "폐하, 보는 눈과 듣는 귀가 너무 많습니다. 사람들을 물리쳐주소서." "아니오. 여기 있는 사람들은 모두 신탁을 들을 권리가 있소. 신탁이 내리지 않았다면 모르거니와 이미 말씀이 있었다면 신탁을 몇몇만 쉬쉬해가며 들어야 할 이유가 없소. 저들도 대부분 부모, 형제를 잃은 사람들 아니겠소? 그러니 어서 말하시오. 여기 있는 백성, 신민의 입과 귀를 막을 이유가 전혀 없으니." 크레온이 결심한 듯 신탁을 전합니다. "테바이 도성 한가운데에 죄를 저지른 자의 피 냄새가 하늘을 찌르고 있다. 그자가 벌을 받아 도성에서 떠나지 않으면 재앙의 문은 닫히지 않을 것이다."

진실을 확인하는 것이 고통스러울 때도 있다

오이디푸스가 입을 엽니다. "그렇다면 누가 범인인지 찾아내시오. 누구요, 범인이?" "신탁에 의하면 범인은 아버지를 죽이고 어머니와 잠자리를 같이한 패륜아랍니다. 그게 누구인지는 아직 모르죠." 오이디푸스와 이오카스테의 표정이 갑자기 어두워지는데 이오카스테의 얼굴은 자못 심각합니다. 충격이 아주 심한 모습이군요. 오이디푸스도 마음이 급해졌습니다. 자기 자신도 그와 똑같은 신탁을 받고 신탁이 두려워 테바이로 도망친 것이니까요. 그래서인지 목소리도 한 옥타브는 더 올라가는군요. "그런 인간이 이 도성의 한복판에 있다는 말이오? 그런데 어떻게 범인을 찾소?" "대예언가 테이레시아스를 부르십시오. 그분은 이곳뿐만 아니라 그리스 전체에서 가장 지혜로운 분이십니다." "그렇다면 망설일 것이 무엇이오? 어서 그분을 모셔오시오."

테이레시아스는 젊었을 때 우연히 아테나 여신의 벗은 몸을 본 적이 있습니다. 그러자 여신은 그에게 벌을 내려 한 손으로 눈을 더듬어 그를 장님으로 만들고는 좀 미안했던지 다른 한 손으로는 가슴을 쓰다듬어 미래를 보는 마음의 눈을 가지게 했는데 꼭 그때부터라죠? 테이레시아스가 대예언가로 명성을 떨치게 된 것이오. 일찍이 강의 요정 리리오페가 아들 나르키소스를 낳았을 때 물었답니다. "이 아이가 오래오래 살 수 있을까요?" 그러자 테이레시아스가 대답하죠. "물론입니다. 이 아이가 자신의 얼굴만 보지 않는다면요." 이거 불길하지 않나요? 집 안에 거울이란 거울을 모두 없앤다고 해도 마음을 놓을 수 없을 듯합니다. 사냥을 하다 목이 말라 숲에 들어갔다가 연못에 비친 자신의 얼굴을 보고 난 그는 그 자리에서 죽음을 맞이하지 않던가요? 그리고 청년이 죽은 자리에 난데없는 꽃이 피어나죠. 수선화의 전설이 바로 그것입니다. 테이레시아스의 딸 만토도 예언가로 이름이 높았습니다.

마침내 테이레시아스가 테바이 도성에 나타났습니다. 머리카락이며 수염까지 새하얀 예언가가 입을 엽니다. "폐하, 지혜롭다는 것이 이렇게 괴롭고, 제가 아는 것을 말씀드리는 것이 이렇게 고통스러웠던 적이 없습니다. 차라리 저를 죽이소서." "무슨 말이오? 여기서 진실을 말하기 전에는 죽을 수도 없소. 그러니 어서 말하시오." "그렇게 말씀하시니 어쩔 수 없군요. 폐하, 폐하가 그토록 찾고 있는 패륜아, 이 나라를 통곡으로 몰아넣은 자는 바로 폐하이십니다."

오이디푸스는 분노합니다. "뭣이라고? 테바이를 구한 영웅인 나를 패륜아라고?" 도저히 용서할 수 없습니다. 자신은 결코 그런 못된 죄를 짓지 않았다고 생각하기 때문입니다. "델포이에서 테바이로 오는 좁은 산길에서 호위병과 노인을 수레와 함께 벼랑으로 내던져 죽인 적은 있어도 친아버지를 죽이다니? 내 아버지 폴리보스는 아직도 코린토스 왕으로 건재하시고 어머니 멜로페도 아버지와 함께 행복하시지 않은가? 그런데 나를 입 밖에 내기에도 망측한 죄인으로 몰다니, 언제는 나를 이 나라에서 최고의 영웅이라며 칭찬에 혀가 마를 정도더니 이제 와서 뭐라고?" "제 말은 한 치의 거짓도 없으니 확인은 대왕께서 하실 일입니다." 테이레시아스가 궁을 떠나자 오이디푸스는 라이오스의 호위병을 찾아오게 합니다.

"네가 왜 여기에 왔는지 아느냐?" 오이디푸스의 목소리가 떨립니다. 허리가 굽고 늙어 기력도 없는 자가 대답을 합니다. "왜 부르셨는지 모를 리가 있습니까? 저는 오늘 제가 죽을지도 알고 왜 죽어야 하는지도 알기에 때가 되어 죽으려고 온 것입니다. 운명을 피할 생각은 없습니다. 죽여주소서." "죽을죄를 지었다면 명을 재촉하지 않아도 마땅히 죽을 것이다. 내가 왜 너를 불렀다고 생각하느냐?" "선왕의 지시를 따르지 않은 탓입니다." "선왕의 지시가 무엇이었는지 기억하느냐?" "뼈에 새겨져 있는 말씀을 어찌 기억하지 못하겠습니까? 선왕께서는 저에게 은밀히 갓난아이를 내어주시면서 이 아이를 키타이론 산의 튼튼한 나무에 걸어두라고 명하셨습니다. 명을 수행한 다음에는 테바이로 돌아오지 않아도 좋다는 말씀도 내리셨습니다." "어찌했느냐? 그렇게 했느냐?" "아닙니다. 오래전부터 알고 지내던 코린토스의 양치기에게 주었습니다. 차마 아이를 죽일 수 없었습니다." "지금 보면 그 양치기를 알아보겠느냐?" "분명히 알아볼 수 있습니다."

　오이디푸스가 코린토스의 양치기를 만나는 데는 사흘이면 충분했습니다. 라이오스의 양치기가 묻습니다. "세월은 어찌할 수가 없는 모양이지? 자네도 나처럼 많이 늙었네그려. 그런데 내가 건네준 아이는 지금은 자네의 집안을 그 자식들로 가득 채웠겠군. 그렇지 않은가?" "그분은 코린토스의 왕자로 자라서서 지금은 이렇게 테바이의 왕이 되시지 않았나?" "뭐라고? 그 아이가 자네의 자손이 아니라 폴리보스와 멜로페 두 분을 어버이로 모시고 자랐다는 말인가?" "그렇다네. 이제 두 분이 돌아가셨으니 곧 코린토스에서 사신이 올 걸세. 코린토스의 왕위를 이으셔야 할 테니까."

　사실을 알게 된 오이디푸스가 머리를 감싸며 괴로워합니다. 테이레시아스의 말처럼 진실을 마주한다는 것이 이토록 고통스러울 때도 있군요. "양치기여, 그대에게 은혜를 입었으나 그것은 더 큰 고통을 내리기 위한 신의 장치였을 뿐이구나." 왕의 표정이 일그러지기 전부터, 아니, 예언자 테이레시아스를 부르고 라이오스의 양치기를 부르기 전부터, 테바이와 코린토스의 양치기를 불러 대질심문을 벌이기 한참 전부터 왕비 이오카스테는 괴로워하고 있었습니다. 그녀는 말을 잃고 내실로 들어갑니다. 자신이 낳은 아이가 오이디푸스밖에 없다는 것을 누구보다도 잘 알고 있는 것은 왕비 자신이기 때문입니다. 이오카스테는 가혹한 운명을 원망하며 목을 매고 맙니다. 지아비를 죽인 자식과 잠자리를 같이해서 낳은 자식들만도 이미 넷. 차마 끔찍한 현실을 대면할 수 없었기 때문입니다.

호칭이 참 이상하게 되었습니다. 아들 에테오클레스와 폴리네이레스, 두 딸 이스메네와 안티고네, 이제 이들은 오이디푸스를 무엇이라 불러야 하는 걸까요? 형일까요, 아버지일까요? 오빠일까요, 아버지일까요? 오이디푸스는 스스로 두 눈을 찔러 장님이 됩니다. 그토록 똑똑하고 용감하다면서 실제로는 친아버지와 친어머니도 알아보지 못한 자신이 한없이 원망스럽고 한없이 바보 같습니다. 현자 테이레시아스의 말은 신의 예언처럼 한 치도 어긋나지 않는군요. 오이디푸스가 장님이 된 채 궁궐을 떠나자 재앙의 문도 닫힙니다. 다만 딸이자 여동생인 막내 안티고네가 방황하는 그를 따라다니며 끝까지 보살피죠.

오이디푸스, 콤플렉스로 남다

아들이 아버지를 극히 싫어하면서 어머니에 대한 사랑의 감정이 지나치게 심한 것을 '오이디푸스 콤플렉스'라고 합니다. 반대로 딸이 아버지를 연인처럼 사랑하고 어머니를 극도로 미워하는 감정을 '엘렉트라 콤플렉스'라고 하죠. 엘렉트라는 트로이전쟁 당시 그리스 군 총사령관이었던 아가멤논의 딸인데, 어머니 클리타임네스트라는 정부 아이기스토스와 놀아나다가 전쟁터에서 돌아온 남편 아가멤논을 바로 그날 밤에 살해하는 끔찍한 짓을 저지르죠. 그러자 아버지를 아주 많이 사랑하던 엘렉트라는 동생 오레스테스를 부추겨 어머니를 죽이고 맙니다. 한 가정에서 그러한 감정을 가질 수도 있지만 그게 지나치면 이러한 비극을 낳기도 한다는 것을 기억해야겠습니다. 이들의 비극적인 사건을 통해 인간은 스스로를 자제하고 이런 범죄의 유혹에서도 벗어날 수 있게 되었으니 그나마 다행스러운 일입니다.

오이디푸스는 별 잘못이 없습니다. 오히려 그 비극의 씨앗을 뿌린 것은 아버지 라이오스죠. 라이오스는 아들을 낳지 말라는 충고에 현명하게 대처하지 못하면서 비극의 주인공이 됩니다. 그러나 라이오스의 행위는 인간이라면 대부분 선택하기 마련인 '무난한' 방법을 택했다는 문제가 있을 뿐, 죄에 대한 대가를 받은 것이니 그리 억울해할 일도 아니겠습니다. 그렇다면 오이디푸스는 무슨 죄일까요?

보통 인간이라면 난제를 해결하거나 시련을 극복했을 때 희열을 느끼고 자부심을 가지기 마련입니다. 또 그러한 보상이 있으니 용감히 도전에 나설 수도 있는 것이겠고요. 그러나 자부심은 아주 쉽게 오만함으로 변하는 습성이 있다는 것이 진짜 문제입니다. 그래서인지 일은 주인공이 오만해져 남의 충언을 무시하기 시작할 때 고개를 들곤 합니다. 그리고 이럴 때 적은 외부에 있는 것이 아니라 자신의 내부에 있다는 것도 사실이죠.

오이디푸스가 이런 비극을 당하게 된 가장 큰 문제도 답을 밖에서만 찾으려 했기 때문입니다. 스핑크스의 질문에 오이디푸스가 한 대답 '인간'은 정답이기도 하고 오답이기도 하다는 데 진짜 문제가 있습니다. 에이, 그럴 리가? 그럴 리가 없다고요? 그렇다면 스핑크스에게 희생된 사람들은 다 뭐지? 충분히 이의를 제기할 만합니다.

오이디푸스는 그것을 보편적인 인간들의 문제로 보았을 뿐 바로 자신의 운명이라는 것을 분명히 인식하지 못했습니다. 인간의 보편적인 모습으로 인식하면서도 꼭 '나는 빼고'라고 생각하는 것도 오만한 자들이 쉽게 저지르는 어리석은 모습이 아니던가요? 오이디푸스는 장님이니 아무리 안티고네가 그를 도와주었다고 해도 지팡이를 짚고 다녔을 것이고, 설령 그렇지 않다고 해도 안티고네가 세 번째 발 역할을 한 것은 틀림없습니다. 정답 '인간'이라는 말은 보통명사이자 오이디푸스 자신을 가리키는 고유명사였다는 것을 그 누구도 아닌 오이디푸스가 보여주고 있지 않나요? 너무 늦기는 했지만 그것을 가장 잘 알게 된 것도 다름 아닌 오이디푸스였을 겁니다.

문둥이 시인 한하운은 나병 환자들이 터전을 잡고 살 수 있도록 평생을 노력하다 죽었습니다. 그리고 그의 삶도 대부분 고통스럽고 차별과 눈총을 받는 것으로 이어진 것이었습니다. 뜨거운 여름 햇볕 속에 절름거리며 걸어가는 그의 모습에서 고통에 몸부림치는 오이디푸스의 모습이 느껴집니다. 그것이 운명이라면, 오이디푸스와 같은 영웅이든, 한하운 같은 시인이든 그 고통의 무게는 크게 다르지 않았을 겁니다. 「파랑새」 「보리피리」와 함께 간간이 사람들 입에 오르내리는 「개구리」라는 시 한 편으로 그를 위로해봅니다. 발상이 참신하다는 생각도 들지만 그보다는 그가 어두운 밤, 얼마나 많은 시간을 개구리 울음소리와 함께 고독하고도 고통스러운 길을 걸었을까, 생각할 때마다 한참씩 가슴이 저리곤 합니다. 그러나 한하운이나 오이디푸스도 최선을 다해 운명을 마주해 살았으니 이제 그들도 조금은 마음이 편안해지지 않았을까, 그렇게 스스로를 위로해봅니다.

가 갸 거 겨 고 교 구 규 그 기 가
라 랴 러 려 로 료 루 류 르 리 라

—「개구리」전문

생각 한 뼘 더 키우기

1 오이디푸스 콤플렉스와 엘렉트라 콤플렉스는 어떻게 다를까요?

2 스핑크스는 여자이기도 하면서 커다란 날개와 사자의 몸을 가진 괴물입니다. 스핑크스는 왜 여자의 모습을 하고 있는 것일까요?

3 오이디푸스는 영웅이면서도 평범하기도 한 인간의 모습을 보여 줍니다. 그가 우리와 같거나 다른 점은 무엇일까요?

5장

질투와 승리는 서로 떨어질 수 없다

: 다행과 불행의 경계에 선 멜레아그로스

귀가 밝은 여인, 알타이아

얼마나 다행일까요? 알타이아는 아들의 목숨을 구했다는 생각에 몇 번이고 가슴을 쓸어내렸을 법합니다. 그리스의 칼뤼돈 왕국 왕비인 알타이아가 아이를 막 낳았을 때 그녀는 다행인지 불행인지 신들이 주고받는 이야기를 듣게 되거든요. 보통 사람들은 여간해서 신들의 대화를 들을 수 없는 법인데 웬일인지 알타이아는 그 신들이 누구인지도 모르면서 그들의 이야기를 똑똑히 듣습니다. 마침 난로에 장작이 타고 있었는데 신들이 음산한 느낌이 드는 소리로 말하는 것 아니겠어요?

"집안에서는 아주 자랑스러운 아이로 자라 아버지의 이름보다 더 크게 울리겠구나." 아이의 삶이 비범할 것 같군요. 아버지보다 더 이름을 크게 떨친다는 것이니까요. "삶의 대부분이 어머니에게 기쁨이 될 아이야." '대부분'이라는 말이 좀 걸리기는 하지만 자식이 100퍼센트 어머니의 마음을 흐뭇하게 할 수는 없으니 그만해도 흡족할 만합니다. 그러나 다음 여신의 말에는 자다가도 벌떡 일어나지 않을 수 없을 것 같네요. "어떡할꼬? 저 아이 생명의 끈이 지금 저 난로에서 타고 있는 장작과 길이가 똑같으니." 신들이 사라지자마자 알타이아는 손이 데는 줄도 모르고 황급히 타고 있는 장작을 꺼내어 물을 부어 끕니다. 장작이 다 타면 아들도 죽는다니 손을 좀 데는 것쯤은 아무 일도 아니거든요. 그러고는 누가 볼세라, 서둘러 자신만이 아는 곳에 그 타다 만 나무토막을 감추어둡니다. "이 어미가 신들이 하는 소리를 들었기에 망정이지 그렇지 않았다면 어쩔 뻔했어? 내 귀가 밝은 것이 얼마나 다행이냐?" 어머니는 몇 번이고 같은 말을 되풀이합니다.

이 신들은 세 자매인데 혼자 다니는 법이 없습니다. 운명(모이라이)의 세 여신이라고 불리죠. 이 신들의 맏언니는 클로토입니다. '베를 짜는 여인'이라는 뜻이니 열심히 운명의 실을 짜는 일을 하겠군요. 둘째는 '나누어주는 여신' 라케시스입니다. 좋은 부모 만나서 고생이라는 것은 아무것도 모른 채 요즘 말하는 금수저를 물고 태어난 사람들은 라케시스가 엄청 선심을 썼다는 뜻이니 그분에게 깊이 감사할 일이겠습니다. 그런데 셋째 여신은 아트로포스입니다. '거두어가는, 거역할 수 없는 여신'이라는 뜻이니 이 여신에게 잘못 보이

면 이제까지 받은 복이 한순간에 날아가버리고 말 테니 조심할 일입니다. 그러니 혹 길을 가다가 가위를 들고 있는 분이라도 보게 되면 공손히 눈인사라도 하는 게 좋을 겁니다. 누가 아나요? 그분이 진짜 아트로포스일지도요. 언니들이 짜서 나누어준 운명의 실을 자르기 위해 그분은 항상 가위를 들고 다닌다고 하거든요.

자식이 건장하게 자라는 것을 보면서 어미인 알타이아는 자신의 귀가 밝았던 것을 참으로 다행이라 생각하는 중입니다. 만약 자신이 신들의 이야기를 듣지 못했다면 이 아이는 태어나자마자 죽었을 테니 생일과 사망일이 같았을 것 아니겠어요? 어미의 귀가 밝았던 덕에 아이가 무럭무럭 자라 이제는 나라에서도 으뜸인 청년이 되었으니 스스로 자랑스러울 만도 하죠. 남들 같으면 아이를 낳느라 기진맥진, 정신을 차리기는커녕 한없이 깊은 잠에 빠지기 십상일 판에 신들의 이야기를 똑똑히 들을 수 있어서 지금은 이렇게 멋있는 청년의 어머니로 지낼 수 있으니까요. "아무렴, 내 덕이지, 내 덕이고말고" 자랑할 만도 하네요.

그러나 걱정이 전혀 안 되는 것도 아닙니다. 왜냐고요? 나무는 불을 만나면 금방 타고 맙니다. 그러니 누가 이 타다 만 나무토막을 불 속에 집어넣기라도 한다면 이 청년의 삶도 어느 한순간에 끝날 것 아니겠어요?『잠자는 숲속의 공주』에서도 부모인 왕과 왕비가 나라의 물레를 모두 없앤다고 했건만 공주는 기어이 물레의 바늘에 찔리지 않던가요? 그래서 깊고 깊은 잠에 빠지고 말죠. 또 일곱 난쟁이가 아무리 보호하려고 애를 써도 백설공주는 마녀의 독이 든 사과를 먹고 말지 않나요? 지키는 열 사람이 도둑 한 명을 막지 못한다는 말도 같은 뜻이죠. 이 말은 결국 아무리 조심해도 운명을 거스르지는 못한다는 뜻이니 말을 바꾼다면 이는 어느 누군가가 이 타다 만 나무토막을 불에 던져 태워버릴 것이라는 뜻이기도 할 겁니다. 궁금해집니다. 과연 누가 저 나무토막을 불 속에 넣을 것인지요.

그러나 나라에서 그 일을 아는 사람은 단 한 명(?), 멜레아그로스의 어머니이자 왕비인 알타이아뿐입니다. 말을 하고 싶어 입이 근질근질한 적이 한두 번도 아니건만 용케 잘 참고 아직 누구에게도 그 이야기를 한 적이 없거든요. 아무렴요. 이런 것은 한 사람만 더 알아도 엄청 큰 재앙이 되고 말 테니 참으로 이런 어머니를 가진 청년은 복되다 하겠습니다. 감사할 일이죠. 멜레아그로스는 왕인 아버지 오이네우스뿐만 아니라 나라의 자랑거리이기도 합니다. 그래서 운명을 전혀 걱정하지 않아도 될 것 같지만 걱정의 싹을 뿌리째 뽑을 수 없다는 게 진짜 걱정입니다. 그 말은 지나가던 술주정뱅이가 술 취해서 한 헛소리가 아니라 운명의 신이 한숨에 섞어 뱉은 소리거든요. 진짜 괜찮을까요, 멜레아그로스는? 설마 나무토막이 탄다고 해서 사람도 그와 같이 허무하게 삶을 닫지는 않겠죠?

알 수 없습니다. 우리는 한 치 앞도 모르는, 신이 아니라 인간이거든요. 그러니 기다려볼 수밖에요. 무심코 던진 담배꽁초가 온 산을 다 태우는 불길로 번지듯, 구름 한 조각 없는 하늘에서 난데없는 천둥과 벼락과 함께 소나기가 쏟아지듯, 일은 그야말로 전혀 엉뚱한 곳에서 전혀 엉뚱하게 시작이 될지도 모르는 거니까요.

오이네우스 왕의 실수

이해할 수 없는 일입니다. 나라에 포도 풍년이 들어 왕인 오이네우스가 신들에게 넉넉하게 제물을 바치면서 유독 한 분의 신에게만은 아무것도 드리지 않고 무시한 것은 아무리 고개를 외로 꼬아도 알 수 없으니까요. 포도 농사가 풍년이 들었다는 것은 나라 전체에 풍년이 들어 풍년가가 나라에 가득 퍼졌다는 뜻이고 그해에는 가뭄이나 홍수 같은 천재지변도 없었다는 뜻이기도 합니다. 그러나 그뿐만이 아니죠. 풍년이 들고 신들에게 제물을 상다리가 휘어질 만큼 차릴 수 있다는 것은 전쟁이나 전염병 등 걱정거리란 걱정거리는 모두 멀리멀리 떠났다는 말이나 마찬가지일 겁니다. 그래서 왕도 마음이 풀어져서 깜빡하는 일이 생긴 걸까요? 그렇지 않고서야 포도 농사에서는 신이나 다름없다는 오이네우스 왕이 딱 한 분의 신에게만 제물을 드리지 않을 리가 있겠어요? 인간은 깜빡했다며 넘어가고 싶겠지만 신도 그럴까요? 어림도 없죠. 걱정스러운 대로 이는 온 나라에 불행을 부르는 일이 되고 맙니다.

난데없이 오이네우스에게 망신을 당해 얼굴이 붉으락푸르락해진 여신은 황소도 아니면서 아주 단단히 뿔이 났습니다. 황소의 뿔은 멋있기나 하죠. 그러나 신, 그것도 여신에게 뿔이 났다면 얼마나 창피하겠어요. 이렇게 초승달 대신 '화'라는 뿔이 이마에 불끈 솟은 여신이 바로 아르테미스입니다. 1장에서 말한 것처럼 아르테미스는 사냥의 여신이자 달의 여신이기도 하고 풍요의 여신이기도 합니다. 역시 사냥과 음악, 의술, 거기다 태양의 신이기도 한 아폴론과 남매죠.

그가 깜빡했거나 말거나 아르테미스는 오이네우스를 용서할 생각이 전혀 없습니다. 큰일이군요. 아르테미스 여신은 사냥의 여신답게 그리스 전체를 사냥터로 만들 생각이었던 모양입니다. 그렇지 않았다면 이 여신이 이렇게 어마어마한 멧돼지를 내려보낼 이유가 전혀 없거든요. 다 큰 황소 서너 마리를 합친 듯한 덩치에 코끼리 못지않은 어금니, 웬만한 창날은 힘들이지 않고 튕겨낼 수 있는 가죽, 철사보다 강한 털, 게다가 듣기만 해도 까무러칠 듯한 울부짖음, 불길을 내뿜는 콧김과 붉게 번들거리는 눈을 보면 달아나지 않을 짐승이 없을 지경입니다. 이 멧돼지가 지나가는 곳은 그야말로 폐허. 포탄이 비 오듯 쏟아진 들판도 이보다 참혹하지는 않을 정도입니다. 곡식이 마구 짓밟히는 것은 물론이고 나무 한 그루 제대로 서 있는 것이 없을 정도였다니까요. 가축도 성한 것이 없고 백성들도 피할 곳을 찾아 이리 몰리고 저리 몰리는 이 상황이 어찌 돌아갈까요?

그리스 전역에 도와달라는 메시지가 전해집니다. 어찌 되었든, 이유가 무엇인지 알든 모르든 일단 재앙은 막고 볼 일입니다. 온 나라에서 영웅들이 모여듭니다. 남의 불행을 나 몰라라 하는 것은 영웅의 모습도 아닐 테니 피 끓는 영웅들이 가만히 있을 리가 없습니다. 그리고 원래 영웅들은 험악한 적을 만날 때일수록 뜨거운 피가 더 힘차게 용솟음치는 버릇이 있거든요. 그들은 마음이 급하기도 합니다. 공연히 머뭇거리다가 어느 누구에게도 자신이 최고의 영웅임을 증명할 기회를 빼앗기고 싶지는 않으니까요. 특히 모여든 영웅 중에는 황금 양털을 되찾기 위해 떠났던 아르고 호 원정을 통해 피로 맺어진 동료가 많습니다. 그들이 누구냐고요? 그 많은 영웅의 이름을 다 늘어놓을 수는 없지만 몇몇 이름을 떠올려보기로 합시다.

먼저, 레다와 백조로 변신한 제우스 사이에서 태어난 카스토르와 폴뤼데우케스가 달려왔군요. 말을 잘 타서 그런가요? 카스토르는 백마를 타고 바람처럼 달린다고 하거든요. 폴뤼데우케스는 권투 선수라는데 이들 쌍둥이는 찰떡궁합이라 항상 같이 다닌다죠? 그렇다면 둘 중 한 사람만 찾으면 둘을 다 찾은 것이나 마찬가지겠네요. 강을 건널 때 헤라 여신을 만나 그녀를 건네주다가 신발 한 짝을 잃어버렸던 사나이, 나중에 이올코스의 왕이 되는 이아손도 달려왔네요. 아이게우스의 아들 테세우스, 점쟁이 몹소스, 아주 오래 살았다는 네스토르, 오디세우스의 아버지 라케시스, 창잡이 아카스토스, 그 밖에 이 사건에서 절대 빼놓을 수 없는 멜레아그로스의 두 외삼촌 플렉시포스와 톡세우스도 용맹한 용사입니다. 참, 그러고 보니 사자를 죽여 늘 사자 가죽을 어깨에 걸치고 다니는 그리스 최고의 역사 헤라클레스는 오지 못했네요. 그가 왔다가는 너무 싱거운 사냥놀이가 될까 그랬는지도 모르지만, 하기야 그러니까 또 다른 영웅도 빛을 볼 수 있는 기회도 있는 것이 아닐까요?

여걸 아탈란테의 등장

테게아 지방의 아르카디아 왕과 이아소스 왕비 사이에서 태어난 아탈란테도 멧돼지를 잡겠다며 달려왔습니다. 그런데 그는 아름다운 여자이면서도 웬만한 용사는 대적하지도 못할 만큼 재능마저 뛰어납니다. 여신 아르테미스가 따로 없네요. 그런데 위험한 사냥터에 이런 여자가 나타난다는 것이 꼭 좋기만 한 걸까요? 오히려 무슨 일이 터지지 않을까 슬그머니 걱정이 되거든요. 대체로 영웅이라면 누구나 눈이 번쩍 뜨일 만큼 아름다운 여자 앞에서는 꽤 오버를 하기 마련이거든요. 그런데 이 여자는 그리스 최고 용사인 아킬레우스의 아버지 펠레우스도 씨름에서 망신을 당하게 할 정도였다니 '에이, 여자가?' 하며 함부로 우습게 여길 상대가 아닐 것 같네요. 게다가 달리기에서는 이 여자를 따를 자가 아무도 없습니다. 훗날 이 여자의 마음을 사기 위해 수많은 청년이 달리기 경주에서 지는 바람에 사자의 먹이가 된 일도 있었거든요. 설령 짐승의 먹이가 된다 할지라도 한번 겨루어보고 싶다는 청년이 그렇게 많았다면 그녀가 얼마나 대단한 미인이었는지 어느 정도 짐작은 할 수 있지 않을까요?

용사들이 그렇게 모였건만 이 멧돼지를 잡기란 그리 쉬운 일이 아닙니다. 그도 그럴 것이 이 짐승은 예사 짐승이 아니라 아르테미스 여신의 분노를 상징하는 멧돼지니까요. 그래서 다치거나 죽기도 하는 용사들이 많습니다. 그리스의 용사들이라면서 당장 짐승의 목숨을 받기는커녕 오히려 자신들의 목숨을 걱정해야 할 판입니다. 악전고투라고는 하지만 이건 짐승 한 마리와 떼를 이룬 용사들의 싸움이니 그리 멋있다고 하기에는 좀 무리가 있네요.

그러나 다치고 죽더라도 싸움의 승자는 결국 용사들일 수밖에 없습니다. 그렇지 않으면 이 사냥도 끝이 나지 않을 테니까요. 그런데 그 많은 용사 중 가장 먼저 멧돼지에게 상처를 입힌 주인공은 바로 아탈란테였습니다. 그녀의 활솜씨가 보통이 아니네요. 순간, 용사들이 멈칫하는데 요란한 소리로 그녀의 공적을 찬양하는 자는 멜레아그로스 한 사람뿐이었습니다. 사냥도 사냥이지만 아탈란테에게 온통 마음을 빼앗긴 그였으니 그녀의 행동이나 표정 하나하나가 그의 눈에 띄지 않을 수도 없겠습니다. 그리고 화살을 맞기는 했지만 상처가 치명적이지는 않던 멧돼지를 결정적으로 쓰러뜨린 것은 멜레아그로스의 창이었습니다. 그러자 그 자리에 있던 모든 용사가 목소리를 높여 멜레아그로스의 용기와 공적을 칭송하는데 멜레아그로스는 그 공을 아탈란테에게 돌립니다. 그리고 승리자의 자격으로 멧돼지의 머리와 가죽을 그녀에게 바칩니다. "당신의 공은 칭송 받을 가치가 있습니다" 이렇게 외치면서요.

하지만 명심할 일입니다. 나이키의 자매에는 젤로스가 있다는 것을요. 나이키(승리)와 젤로스(질투) 여신들이 자매라는 것은 두 감정이 아주 가까운 사이임을 나타내는 것이기도 합니다. 누군가 승리에 환호할 때 모든 사람이 손뼉을 치며 축하해주는 것 같아도 바로 그 곁에서는 누군가 질투와 시기심에 감정을 다스리지 못할 때도 있을 거거든요. 그러니 승리의 기쁨을 노래할 때는 어느 정도 패자의 심정을 헤아려서 상대를 배려하는 마음을 잊지 않는 것이 좋겠습니다. 지금은 자신이 아무리 무적의 태권브이 같은 용사라 해도 언젠가는 그 자신이 상대를 돋보이게 하는 패자의 위치에 놓일지도 모르니까요.

졸지에 한 여자 때문에 체면을 구기게 된 겁쟁이 용사들이 분노합니다. 그렇지 않아도 별다른 공을 세우지 못해 입맛이 쓴 판에 멜레아그로스의 선언으로 더욱 화가 난 용사들이 아탈란테에게 분풀이를 할 태세군요. 그들은 아탈란테를 둘러싸고 멧돼지의 머리와 가죽을 내어놓으라 합니다. 아탈란테는 전리품을, 승리의 월계관이나 다름없는 멜레아그로스의 선물을 강제로 빼앗깁니다. "같잖은 아녀자인 주제에." 용사들은 그녀를 배려할 생각이 없습니다. 자존심 때문이군요. 그러나 자신의 자존심을 세우기 위해 남의 자존심을 짓밟고 무시하는 것은 잘못된 일입니다. 모든 것을 뚫을 수 있는 창과 무슨 창이든 막아낼 수 있는 방패가 만난다면 어찌 될까요? 아마 창이든 방패든 어느 하나는 거짓일 겁니다. 앞뒤가 맞지 않는 모순이 따로 없으니까요.

아탈란테에게 영광을 돌린 것은 최고의 공을 세운 멜레아그로스입니다. 용사들은 자신들의 자존심을 세우기 위해 아탈란테를 협박했지만 그것은 아탈란테에게 상처를 준 것만이 아니라 멜레아그로스의 행동을 비난한 것이기도 합니다. 그러니 멜레아그로스가 분노하지 않을 수 있겠어요? 공을 세운 자의 권한으로 그 공을 남에게 바친 것이 비난을 받는다는 것은 있을 수 없는 일입니다. 더군다나 사랑하는 마음을 품고 있는 여자 앞에서 자존심을 상한 남자는 더욱 참지 못하죠. 폭발은 무섭습니다. 엄청난 것을 파괴하니까요. 이때가 바로 그런 경우입니다. 괜찮을까요? 아무래도 무슨 일이 일어나고야 말 것 같습니다. 불안한 예감! 그런데 이 불안한 예감은 여간해서는 우리의 예상을 빗나가지 않는다는 특성이 있죠?

분노의 폭발, 비극을 부르다

술주정을 부린 사람은 술이 깨고 나면 후회하기 마련입니다. '내가 왜 그랬을까? 사람이 아니라 짐승만도 못한 짓을 하다니. 어떻게 하지? 어떻게 얼굴을 들고 다녀?' 자책감에 몸 둘 곳을 모르기도 하고 어떻게 용서를 구해야 할지 몰라 전전긍긍하기도 합니다. 분노라는 것도 마찬가지입니다. 분노가 후회를 그림자처럼 데리고 다니는 것은 술주정과 마찬가지이지만 그 후회나 비참한 심정은 그보다 훨씬 더 크고 심합니다. 그리고 이것은 일이 지나고 난 후 뒤늦게 찾아오는 감정이라는 것이 더 큰 문제입니다. 사랑에 빠지면 눈에 콩깍지가 씌지만 분노에 사로잡히면 정말로 눈에 뵈는 게 없다고 하거든요.

무시당한 자존심 때문에 눈에 뵈는 것이 없게 된 멜레아그로스가 창을 곧추 잡습니다. '에이, 그냥 겁만 주겠지. 설마 동료들에게 창질이야 하겠어?'라고 생각했다면 착각입니다. 멜레아그로스는 상대가 누구인지 생각할 겨를도 없이 창을 들어 내지르고 맙니다. 인간은 이성적 동물이라지만 사람은, 특히 젊은이는 이성보다는 감정에 치우칠 때가 많습니다. 비록 장가는 들었다 해도 아직 혈기가 넘치는 청년 멜레아그로스도 예외가 아니었던 모양입니다. "아탈란테를 욕하지 마라. 저 여자를 욕하는 것은 내 자존심을 무시하는 짓, 그 누구라도 용서하지 않겠다." 마치 어느 누구도 용서하거나 그냥 두지 않겠다는 말투입니다. 이럴 때는 특히 조심해야 하죠. 그 손맛이 아주 맵거든요.

"무슨 말을 하는 건가? 여자 하나 때문에 고난을 함께 했던 전우 동료를 무시하겠다는 건가? 우리도 자존심이 있으니 그 말을 듣고 참을 수는 없네. 빨리 사과하게." 사과는커녕 모두의 무릎을 꿇려도 시원치 않을 판입니다. 그래서 상대에게 창질을 하고 말았던 것인데 그 상대가 공교롭게도 멜레아그로스의 두 외삼촌이었습니다. 어쩌면 외삼촌이니까 누구보다 먼저 나서서 조카를 꾸짖는 게 당연할지도 모릅니다. 그래도 집안 어른이 나서서 화가 난 동료들의 마음을 다독이는 게 좋은 일일 테니까요. 그러나 그 때문에 삼촌 둘은 별시간차도 없이 조카에게 목숨을 잃고 맙니다. 아탈란테의 등장이 결코 아름다운 봄바람은 아니었군요.

갑자기 일어난 상황에 모두 제정신이 아닙니다. 그중에서도 가장 놀란 사람은 일을 저지른 멜레아그로스 자신이었습니다. 조금 전까지만 해도 그는 나라의 근심을 물리친 영웅이었습니다. 그 기쁜 소식을 어머니께 전하러 전령도 이미 떠났습니다. 아무것도 모르는 어머니는 자식이 한없이 자랑스러울 겁니다. '그럼, 누구 아들인데' 이런 생각이겠죠. 그러나 다시 정신을 차려보니 자신은 영웅이 아니라 살인자

일 뿐입니다. 그것도 어머니의 사랑스러운 동생, 내가 존경하고 따르던 외숙부를 둘씩이나 찔러 죽인 살인자. 멜레아그로스는 이 일을 어떻게 마무리할지 감이 잡히지 않습니다. 당혹스럽고 믿어지지 않기는 동료들도 다를 게 없습니다.

분노와 자존심을 내려놓자 자신들이 얼마나 어리석었는지, 얼마나 옹졸한 사내들이었는지 깨닫습니다. 가까운 이의 죽음을 눈으로 본 것이 한두 번이 아니건만 이런 경우는 그저 참혹하고 참담할 뿐입니다. 하늘을 찌를 듯한 기개, 어떤 두려움에도 고개를 떨어뜨리지 않던 그들도 이제는 숙인 고개를 들지 못합니다. 멜레아그로스가 살인을 했다고 해도 그 책임의 일부분은 자신들에게 있으니까요. 그렇다면 자신들은 살인자가 아닐까요? 아니라고 도리질을 하기에는 자신이 없습니다. 비겁하기까지 합니다. 동료를 살인자로 만들어놓고 아무 짓도 할 수 없기는 그들 모두 마찬가지니까요.

알타이아, 아트로포스의 하녀가 되다

드디어 자신의 아들이 괴수를 죽였답니다. 방금 멜레아그로스의 어머니에게 전령이 와서 소식을 전하는군요. "역시 내 아들이야. 자랑스럽다, 아들아." 가슴이 뜁니다. "역시 아이가 태어났을 때 내 귀가 밝았던 것이 얼마나 다행이야? 성대한 잔치를 열어야겠지?" 잔치를 준비하라 이르고는 왕비 자신도 밝고 화려한 옷으로 갈아입습니다. 아, 머리도 좀 매만지고 화장도 해야겠군요. 마치 이날이 오게 한 것이 온전히 자신의 공인 것처럼 여겨집니다.

그런데 얼마 지나지 않아 또 다른 전령이 도착합니다. 그런데 이번에는 기쁜 소식이 아니라 대단히 슬픈 소식을 가져왔답니다. "누가 크게 다쳤거나 목숨을 잃은 용사가 있었나 보지? 그런 줄 알았으면 잔치를 열라고 하지 않았을 텐데. 지금이라도 잔치는 취소해야겠구나. 슬픔이 가득한 집 앞에서 풍악을 울릴 수는 없으니. 그나저나 누가?" 의문은 오래가지 않았습니다. 죽은 용사가 바로 자신의 두 동생이라니요? 왕비는 정신을 잃고 쓰러집니다. 그러나 비극은 그것으로 끝이 아니라는 것이 더 비극인 거죠.

정황을 듣자마자 알타이아는 다시 정신을 잃고 맙니다. 두 동생이 죽었다는 것만으로도 절망적인데 가해자가 바로 아들이라니요? 믿기지가 않습니다. 처음엔 기가 막혀 눈물도 나지 않습니다. 슬픔이 너무 크면 오히려 침착해지고 냉정해진다는 말처럼 알타이아에게는 울음소리도 나오지 않습니다. 이유야 어찌 되었든 조카가 외숙부를 죽인다는 것은 도저히 용납할 수 없습니다. 아니, 용납할 수 없는 것이 아니라 철저히 그 죄를 벌하지 않으면 안 됩니다. 지금까지 그토록 자랑스럽던 아들이 이제는 벌을 받아야 할 대상임이 분명합니다. 아들이라고 해서 그냥 넘어갈 수는 없죠.

비로소 알타이아는 귀가 밝았던 것이, 운명의 세 여신이 하는 말을 자신의 두 귀로 분명히 들었던 것이 복이 아님을 알아챕니다. 타다 만 장작을 황급히 꺼내어 불을 끈 뒤 지금껏 아무도 모르게 간수하던 일이 이런 슬픔과 절망을 준비한 일이었다니요? 아무도 거역할 수 없는 운명의 여신 아트로포스가 한 이야기는 결코 헛소리가 아니었다는 것을 다시 한 번 깨닫고 맙니다.

잔치를 준비하려던 옷을 상복으로 갈아입으면서, 정성 들여 단장한 화장을 지우면서 알타이아는 울부짖지도 않습니다. 울어대는 것으로 나을 슬픔이 아니어서 그랬을까요? 자식의 목숨을 거두려는 결심을 하기가 망설여져서 그랬을까요? 몇 번이고 타다 만 나무토막을 난로 속에 던져넣으려다 말기를 아홉 번, 마침내 어머니 알타이아는 나무토막을 불 속으로 던져버리고 맙니다. 친정집이 울음바다인데 우리 집만 잔치를 열 수는 없으니까요. 알타이아는 자신이 이어주었던 아들의 목숨을 바로 자신의 손으로 거둘 운명이었음을 받아들이기로 합니다.

운명의 세 여신은 인정도 눈물도 없군요.

아무 일도 없었는데, 멜레아그로스는 그의 온몸이 불덩이가 되는 것을 깨닫자 자신의 삶도 이렇게 끝난다는 것을 직감하고 괴로워합니다. 죽음은 자신에게만 일어나는 것이 아니니 그 때문은 아닙니다. 용사로서 부끄러웠던 일도 없으니 거짓된 이름을 부끄러워하는 것도 아닙니다.

오히려 자신의 경솔함과 무모함이 이런 결과를 만들었음이 부끄럽고, 대항할 수 없는 거대한 괴물과 맞서다 용사답게 죽지 못하고 살인자라는 이름을 달고 죽어야 한다는 것이 참을 수 없을 만큼 억울합니다. 그렇지만 이렇게 된 것 또한 자신이 어리석은 탓이니 원망할 대상도 없습니다. 한동안 참을 수 없는 고통에 몸부림치던 멜레아그로스가 마침내 더 이상 움직이지 않게 됩니다. 고통도 괴로움도 한순간 사라지고 비로소 평안함이 찾아온 듯합니다. 그는 죽어서라도 두 외숙에게 용서를 빌고 자유로워졌을까요?

타서 재가 된다는 것

하루살이는 하루를 살다 죽고 사람은 그보다 훨씬 더 많은 시간을 누리다 갑니다. 그렇다고 해서 하루살이를 불쌍하다고, 아무것도 아니라고 말할 수 있을까요? 하루살이에게는 하루 안에 그의 한 생애가 다 녹아 있고 사람의 생애만큼 긴 시간도 단 하루살이의 삶으로 요약될 수 있습니다. 자랑스러운 것, 기쁜 것, 슬프고 후회스러운 것이 다 그 속에 들어 있을 테니까요. 그러니 나를, 인간을 기준으로 저들은 불쌍하다고, 저들은 숨 몇 번 쉴 만큼의 시간밖에 살지 못한다고 안쓰러워할 일도 아니겠습니다. 오래 산다는 것이 자랑이 아니요, 일찍 생을 닫았다는 것이 불행한 것만도 아니거든요. 살아서

오백 년, 죽어서 천 년을 산다는 소백산 능선의 주목도 언젠가는 흩어져 흔적조차 남기지 않을 겁니다. 윤동주나 기형도 같은 시인은 서른 살을 살지 못했고, 민족의 영웅인 안중근 의사는 그보다 더 짧은 생을 살았습니다. 그렇다고 해도 결코 이분들의 삶의 무게가 작다고는 할 수 없습니다. 그들의 시, 그들의 기개는 날이 갈수록 지금도 우리에게 더 우렁찬 메시지를 남기고 있으니까요.

멜레아그로스의 생애는 아트로포스의 예언대로 정확하게 나무토막 한 개 탈 만큼의 시간이었습니다. 공수래공수거라고, 빈손으로 와서 빈손으로 가는 것이 인생이라고 하지만 허무하기 짝이 없습니다. 그렇지만 사는 게 허무하다고 한숨이나 쉬며 그 짧은 생애마저 무의미하게 보내야 할까요? 오히려 어차피 자신의 나무토막이 언제 다 타버릴지 모르는 인생이니 그때가 바로 눈앞에 있다고 생각하며 더 열심히, 알뜰히 살아야 하지 않을까요?

자기가 낳은 아들을 자기 손으로 죽인 어머니 알타이아도 아들의 나무토막이 다 타버릴 때 스스로 자기 목숨을 버립니다. 그녀의 자살이 안쓰럽지 않은 것은 아니나 그렇지 않았다고 해도 아들을 죽인 그녀의 삶이 행복했을 리도 없었을 겁니다. 두 남동생이 먼저 세상을 버렸고 아들의 목숨은 바로 자신이 거두었습니다. 그런데도 아주 행복하게 오래오래 살았다고 하는 것은 진짜 말이 안 되죠. 내가 최고라는 오만, 누가 나와 겨룰 수 있으랴 하는 우월 의식도 잘 쓰면 약이 되겠지만 까딱 잘못 쓰면 독이 된다는 것, 그리고 아주 많

은 경우는 그것이 독이 되고 말더라는 것을 마음에 담아두었으면
합니다. 그것이 내게 기쁨을 준 사람들의 눈에 피눈물을 흘리게 하
지 않는 일일 테니까요. 혹 여러분의 나무토막은 안전한가요? 우리
모두 자신에게 물어볼 일입니다.

생각 한 뼘 더 키우기

1 나무토막이 타는 시간과 삶의 길이가 같다는 것은 무슨 뜻일까요?

2 어머니 알타이아는 아들 멜레아그로스의 생명의 은인이자 목숨
   을 거두어가는 존재이기도 합니다. 여러분이 알타이아라면 어떻
   게 하시겠어요?

3 멜레아그로스가 영웅의 자리에 오르자마자 추락하게 된 이유는
   무엇일까요?

6장

간절히 원하면 이루어진다

: 예술로 혁명을 이룬 피그말리온

인형의 집

    1879년 코펜하겐 왕립극장에서 헨릭 입센의 희곡『인형의 집』이라는 작품이 발표되었습니다. 피그말리온 신화 이야기를 하려는데 무슨 뚱딴지처럼『인형의 집』이냐고요? 간단히 말해서 이 희곡은 여권 신장과 여권 운동에 본격적으로 불을 붙인 작품입니다. 주인공 노라의 별명은 종달새. 그녀가 하루 종일 조잘거리는 것을 보면 봄 하늘을 시끄럽게 수놓으며 지저귀는 종달새의 모습이 저절로 떠오를 정도입니다. 노라는 은행 지점장인 남편 헬마와 아주 행복합니다. 그러다 은행원에서 해고가 될 위기에 빠진 크로구스타의 협박을 받으며 그들의 가정생활도 위기를 맞죠. 노라가 은행에서 돈을 빌릴 때 남편의 사인을 위조한 것이 문제가 된 것입니다. 노라의 엄청난 노력으로 그 위기를 극복하기는 하지만 그 사건을 겪으며 노라는 비로소 깨닫게 됩니다. 자신은 지금까지 하나의 인격체로 사랑하고 사랑받으며 살아온 것이 아니라 그저 남편의 '예쁜 장난감'에 불과했다는 걸요. 그뿐만이 아니라 그들 부부는 사랑하지도, 사랑하기 위해 노력한 것도 아니라는 것을 깨닫고 노라는 과감하게 이제까지 자신이 머물던 '인형의 집'을 떠납니다.

피그말리온 신화를 만나면서 엉뚱하게 『인형의 집』이 머릿속에 함께 떠오르는 이유는 무엇일까요? 그 이야기는 천천히 하기로 하고 피그말리온 아저씨의 놀라운 이야기 먼저 하겠습니다.

피그말리온 신화

피그말리온은 조각가입니다. 다이달로스처럼 그도 '지상의 헤파이스토스'라고 불린 것을 보면 솜씨도 아주 뛰어났을 겁니다. 혹 어떤 이들은 피그말리온이 키프러스 혹은 사이프러스의 왕이었다고도 하지만 이는 사실이 아닐 가능성이 아주 큽니다. 왕과 조각은 그리 어울리는 단어가 아니거든요. '에이, 그럴 수도 있지. 왕의 취미에 웬 시비?' 하실지 모르지만 피그말리온이 왕이었다는 말도 그만큼 아주 엉뚱한 소리일지 모른다는 뜻입니다.

피그말리온은 세상의 여자들이 죄악에 물들어 있는 모습을 많이 본 탓에 세상의 모든 여자를 싫어하게 됩니다. 당시 그가 살고 있는 키프러스의 여자들은 품행이 좋지 않은 것으로 유명했습니다. 몸을 팔기도 하고 나그네를 유혹한 다음 죽이기도 한다는 소문도 심심찮게 들릴 정도였으니까요. 지금도 사이프리언(키프러스 사람들)이라고 하면 '아주 음탕한 여자'라는 뜻으로 해석하잖아요? 마치 레스보스 섬의 유명한 여류 시인 사포Sappho를 시기해서 그녀에게 '사랑을 갈구하다 거절당하자 절벽에서 투신했다'는 누명을 씌우는 것도 모자라 그곳 여자들을 다 동성애에 빠진 여자들이라며 레즈비언이라는 말을 만들어낸 것처럼요. 지금 사람들까지 여성 동성애자들을 레즈비언이라고 부르는 것을 보면 사포에 대한 남자들의 시기심도 충분히 성공한 셈이군요. 그러나 사포는 뛰어난 시인이었을 뿐만 아니라 여성의 인권을 일깨우기 위해 많은 노력을 기울인 고대 그리스의 여성 운동가였습니다. 사포의 재능과 열정을 시샘하던 사내들에게는 눈엣가시였던 셈이죠. 그런데 레스보스 섬이 지금은 여자 동성애자들이 꼭 한번 가고 싶어 하는 성지로 변했다니 아이러니가 아닐 수 없습니다.

어찌 되었든 더러운 짓을 서슴지 않으면서도 전혀 부끄러운 줄 모르는 이 나라 여자들에게 실망한 피그말리온은 여자라면 그가 누구라 해도 절대 그의 집으로 들이지 않으려 할 정도였습니다. 그러면서도 그는 눈처럼 흰 상아로 아름다운 여인을 조각합니다. 최고의 솜씨를 지닌 조각가가 최고의 품질을 자랑하는 상아를 만났으니 그 결과도 아주 빼어났을 겁니다. 그런데 사람 크기의 여인을 조각할 만큼 커다란 상아가 있기는 있었을까요? 의심이 들기도 하지만 조각한 피그말리온조차 자신의 조각상에 반해 시선을 떼지 못할 정도였다니 이 조각상이 얼마나 아름다웠을지는 충분히 짐작하고도 남을 만합니다. 다만 여자를 싫어한다면서 집 안에서는 여자를 조각하다니? 이는 현실에서 이룰 수 없다고 생각한 것을 예술로라도 실현해보고 싶은 가난한 조각가의 소망은 아니었을까요?

처음 피그말리온은 그 상아로 만든 조각상에 옷을 입히기도 하고 장신구를 달아주기도 합니다. 그런데 피그말리온은 조각상을 바라보면 바라볼수록 점점 더 엉뚱한 상상에 빠지곤 합니다. 말을 걸면 금방이라도 그에게 다가와 뜨거운 입술로 속삭여줄 것만 같거든요. 그는 보석이며 예쁜 산호 등 여자가 좋아할 만한 것들을 하나하나 조각상에게 가져다주는 것이 기쁘면서도 조금씩 마음이 아픕니다. 아무리 정성을 들인다 해도 저것은 여인이 아니라 그저 하나의 조각상일 뿐이니까요.

조각상은 장신구나 부드러운 비단으로 꾸며줄 때도 아름답지만 역시 가장 눈을 뗄 수 없게 만들 때는 오히려 조각상에 아무것도 걸치지 않았을 때였습니다. 그는 조각상을 침대에 누이고 부드러운 베개를 베어주면서 금방이라도 눈을 뜨고 금방이라도 미소를 지으며 말을 걸어줄

것 같은 착각에 옅은 한숨을 쉬기도 합니다.

　아프로디테의 축제일이 다가왔습니다. 미의 여신이라는, 거품에서 태어난 아프로디테가 서풍에 밀려 커다란 조개껍데기를 타고 도착한 곳이 바로 이 사이프러스 섬의 파포스 해안입니다. 그래서 이 섬 사람들은 아프로디테 여신을 잊지 않고 해마다 축제를 벌이고 신에게는 풍성하게 제물을 드려 여신의 탄생을 기린답니다. 하기야 아름답기를 바라는 것은 누구나 품고 있는 소망이니 아무도 미의 여신을 외면할 수는 없었겠죠. 피그말리온도 여신의 신전을 찾아 제물을 드리고 소망을 빕니다. 해마다 여신에게 소망을 빌었지만 이번에 비는 소망의 내용은 전과는 좀 다릅니다. 자꾸만 자신의 조각상이 떠오르니까요. 그는 용기를 내서 "저 상아 처녀 같은 여인을 보내주소서" 하고 기도를 올립니다. 솔직한 마음 같아서는 '저 상아 처녀를'이라고 하고 싶은 것을 억지로 에둘러 표현하느라 고생도 했습니다.

　그러나 아프로디테 여신은 그의 말뜻을 아주 정확히 알아들었던 모양입니다. 여신은 피그말리온의 소망을 들어주겠다는 표시로 불꽃이 세 번이나 크게 솟구치게 합니다. 피그말리온은 이 신기한 모습에 여신이 응답한 것이라고 믿습니다. 설마 조각상이 진짜 여인으로 되는 것은 아니겠지만 그래도 여신이 무슨 좋은 선물이라도 주지 않을까 설레기도 합니다. 설레는 마음으로 집에 돌아온 그는 늘 하던 대로 상아로 빚은 처녀 조각상에 입술을 대다가 깜짝 놀라고 맙니다. '설마, 착각이겠지?' 이상하게 상아 처녀의 입술이 부드럽고 따뜻하다고 느꼈으니까요. 그러나 그가 다시 상아 처녀의 살을 만져보고 입술을 대자 아주 놀라운 일이 일어납니다. 상아 처녀는 어느새 상아 조각이 아닌 아름다운 여인으로 변해 있는 것 아니겠어요? 피그말리온은 그제야 아프로디테 여신이 자신의 소망을 들어준 것을 알고 다시 한 번 여신에게 감사의 기도를 드립니다. 피그말리온은 그 여인을 갈라테이아로 이름 짓고 그와 결혼해 아이를 낳습니다. 갈라테이아는 '젖빛 여자'라는 뜻입니다. 상아로 조각했으니 피부가 젖빛만큼이나 희고 아름다웠다는 뜻이겠죠. 그들이 낳은 아이 이름은 바로 피그말리온의 고향 이름 그대로 파포스라고 지었는데 나중에 파포스는 아버지의 고향 파포스에 아프로디테 신전을 세워 이 여신을 기렸다고 하죠. 아버지와는 달리 아들 파포스에게서는 왕의 냄새가 나기도 하네요. 신전을 세울 정도의 권위와 재력이 있다는 뜻이니까요.

신기하고 놀라운 일입니다. 세상에! 얼마나 좋을까? 하지만 그러니까 그게 신화니까 가능하지 현실이라면 그런 일이 이루어지겠어? 어림도 없는 얘기지. 그러면서도 이런 신화가 전하는 긍정적인 에너지를 느껴보는 것도 신나는 일이라는 생각이 들었습니다. 신화란 언제나 다양한 이야기를 전하고 있거든요. 피그말리온 신화도 마찬가지고요.

피그말리온 효과

2002년 한일 월드컵이 열렸을 때 요란하게 내걸린 구호가 있습니다. 그중에서도 '꿈은 이루어진다'는 하루에도 수십 번씩은 보거나 들어야 하루가 지나갈 만큼 대단한 말이었죠. 신문이든 방송이든 길거리든 집이든 사람들이 모이는 곳이면 시간과 장소를 가리지 않고 이 구호가 아주 당연한 진리인 양 아무 데서나 나부끼던 때가 있었습니다. 사실 우리나라 축구가 세계 4강, 더군다나 월드컵이라는 최고 권위의 대회에서 4강이라는 성과를 낸 것은 기적에 가까운 일이었죠. 그 흥분은 월드컵이 열리는 기간 내내 가라앉을 줄 몰랐을 뿐만 아니라 그 이후에도 사그라지지 않는 불꽃과도 같았습니다. '붉은 악마'라는 좋지 못한 응원단 이름도 정겨워지고, 축구 잘하는 나라 사람들에게도 괜히 어깨가 으쓱거려지는 경우도 있었죠. 간절히 원하고 노력하면 피그말리온 신화처럼 말도 안 되는 일도 일어날 수 있구나, 긍정의 에너지가 나라 전체를 휘덮는 듯한 느낌도 있었습니다. 21세기 초반, 대한민국 사람들이 체험한 이 사건이 바로 피그말리온 효과였다는 것을 뒤늦게 깨닫곤 합니다. 꿈을 꾸고 그것을 위해 간절히 노력하는 한 꿈은 배신하지 않으니까요.

피그말리온 효과라는 말은 피그말리온이 조각상을 만들고 간절히 바라고 노력했더니 그 조각상이 아름다운 처녀로 변했듯 교실에서도 이런 효과가 나타날 수 있다는 것을 가리키는 말이죠. 칭찬은 고래도 춤추게 한다라는 말처럼 선생님의 칭찬과 기대감이 학생들에게 그대로 전해져 놀랄 만한 성과를 이루어냈을 때 이를 피그말리온 효과로 부르거든요. 이를 계기로 학생을 수동적으로 만들고 그저 시키는 대로 숙제나 하라고 윽박지르는 것은 아이를 제대로 가르치고 인도하는 것이 아니라 오히려 망치는 짓이라는 인식이 퍼져나가기 시작했습니다. 이 결코 작지 않은 교육 혁명을 우리는 기꺼이 피그말리온 효과라고 불러도 좋겠습니다.

실제로 여러분들이 얼마만큼 성장하고 얼마나 훌륭한 인물이 될 수 있을지는 그 누구도 모릅니다. 여러분이 어떤 잠재력을 가지고 있는지는 여러분 자신도 잘 모르죠. 청소년들에게 꿈을 심어주고 그들이 스스로 길을 찾아가도록 도와주기만 하면 그들은 참으로 놀라운 성과를 만들어내곤 하거든요. 주입식이나 단순 암기식으로 공부를 하고 외운 것만을 점검하는 과정으로는 이들의 깊이 모를 잠재력을 드러나게 할 수 없죠. 그런 점에서 이른바 자유연상을 통해 사고력과 상상력을 키워나가는 브레인스토밍이나 자율을 보장하고 스스로 답을 찾아가도록 지도하는 것은 교사들의 임무일지도 모릅니다. 그렇지만 과거 우리나라는 몇 안 되는 과목을 갖가지 해석까지 조사나 어미 하나 빼놓지 않고 외우느라 평생을 허비했잖아요? 조선 시대의 과거 시험을 떠올려보면 알 수 있는 일입니다. 이른바 우리 조상들은 『논어』『맹자』『대학』『중용』『시경』『서경』『주역』 등 사서삼경을 외우느라 날이 가고 달이 갔죠. 물론 단순히 시간을 허비했다고 하면 서운해할 사람도 있겠지만 학생들에게서 무한한 잠재력을 이끌어내는 방법으로는 지속적인 관심과 칭찬, 동기부여와 격려가 훨씬 더 좋은 방법이 아닐까 합니다. 그래서 이렇게 긍정적인 격려와 칭찬의 힘을 우리는 피그말리온 효과라고 부르는 것이죠.

무엇이 문제일까

신화 역시 시대와 환경의 산물입니다. 그러다 보니 모든 것이 변한 현대에는 그 의미나 평가도 크게 달라질 가능성이 아주 높습니다. 피그말리온 신화도 이런 운명을 피해 가기는 어렵겠습니다.

피그말리온은 자신이 깎고 다듬어 혼까지 불어넣은 조각상이 조각이 아니라 아름다운 여인으로 변하자 그녀의 의사와 관계없이 결혼하고 아이를 낳습니다. '그게 뭐 어때서?' 얼마나 환상적인 일이냐며 손뼉을 치고 환호하는 사람들에게는 이 아름다운 결과에 시비를 걸자면 의아해하면서 위아래를 훑어볼지도 모르겠습니다. 아니, 이해하지 못하겠죠.

여자는 결코 남자의 소유물이 아닙니다. 피그말리온은 당연히 여인에 대한 소유권을 주장하겠죠. 자신의 소유물을 어떻게 하든 그것은 자신의 권한이 아니냐고 항의라도 할 법합니다. 이른바 '그게 뭐 어때서?'라는 거죠. 더구나 여자도 기꺼이 동의한 일을 지금의 시각으로 판단해 잘못이라고 하면 그것을 누가 받아들일 수 있을 것이냐고 남의 비난을 거부하고 싶겠지만, 글쎄요, 꼭 그렇기만 할까요?

신화에서 피그말리온은 갈라테이아를 결코 대등한 인격체로 대우한 적이 없습니다. 그런 상황에서 만약 갈라테이아가 결혼을 거부하거나 조건을 붙였다면 어떻게 되었을까요? 아마 평화로운 삶은 기대할 수 없을 것이고 오히려 비극적인 운명을 맞이할 가능성도 대단히 크겠죠. 그러므로 그들이 행복하게 아주 잘 살았다면 이는 갈라테이아가 자신의 의견을 드러내지 않고 오로지 끊임없이 희생이나 헌신, 복종으로 남편과 가정을 돌보았기 때문일 것입니다.

이렇게 여자란 남자와 똑같이 존중받아야 할 대등한 인격체가 아니라 남자가 얼마든지 마음대로 다룰 수 있는 대상이라는 의식을 담고 있는 것이 피그말리온 신화입니다. 사람은 남자이거나 여자이거나, 어른이거나 어린아이이거나, 그리고 그가 부자이거나 가난한 사람이거나에 관계없이 누구나 동등한 권리를 가지고 있는 존재이지 결코 어느 누구의 소유물로 여겨져서는 안 될 고유한 존재입니다. 신화를 새롭게 해석해야 하는 이유이기도 하죠.

요즘 크게 문제가 되고 있는 가정 폭력, 특히 아동 폭력도 이런 잘못된 생각이 바탕에 깔려 있기 때문입니다. 낳아서 입히고 먹이고 재우는 모든 일을 하기 때문에 어른들은 아이들을 자신이 마음대로 할 수 있는 소유물 정도로 생각하기 쉽습니다. 이들은 대부분 자식들이 자신과 인격적으로 대등한 존재라는 인식을 하지 못합니다. 또 이런 아이들은 절대 어른의 폭력에 맞서지 못합니다. 오히려 잘 못하면 더 심각한 상황에 내몰릴 수도 있죠. 피그말리온 신화에서 입센의 『인형의 집』을 연상하는 것이 전혀 엉뚱한 상상이 아닌 이유입니다. 피그말리온은 갈라테이아의 조물주와 같은 존재입니다. 그러므로 창조주인 조물주와 피조물이 동등한 존재라는 생각을 하기는 피그말리온이나 갈라테이아 모두 어려울 겁니다.

우리나라 속담에 '여자 팔자는 뒤웅박 팔자'라는 말이 있습니다. 뒤웅박은 곡식의 씨앗을 저장해두는 바가지를 말하는데 그 안에 어떤 씨앗을 담느냐에 따라 뒤웅박을 대하는 주인의 자세도 달라집니다. 예를 들어, 별로 중요하지 않은 호박씨를 넣어둔 뒤웅박은 마당가 처마에 매달아두면 그만입니다. 그리 중요하지 않으니까 없어지면 좀 아까울 수는 있어도 크게 마음 아파하지도 않습니다. '이웃 영희네 집에 가서 좀 얻어오지 뭐' 하는 식이니까요. 그러나 값도 나가고 귀한 인삼 씨앗을 담은 뒤웅박은 바깥마당 처마에 아무렇게나 걸어두지 않습니다. 오히려 이 바가지는 아침저녁으로 확인하기 좋게 방문 위에 매달아두거나 심지어는 방에다 보관하기도 합니다. 그러니 이 속담은 바가지 자체보다 그 안에 들어 있는 내용물의 가치에 따라 바가지에 대한 대우가 달라진다는 것이니 여자도 자신이 가지고 있는 능력보다도 어떤 남자를 만나 결혼하느냐에 따라 사회적 평가나 대우가 달라진다는 뜻입니다. 여자와 남자가 만난다는 것이 대단히 중요한 일이기는 하겠지만 꼭 여자만을 가리켜 그 여자의 지위나 평가가 오로지 남자에 의해 결정되는 것이라고 한다면 그리 유쾌한 일은 아닙니다. 왜냐하면 이 말에는 남녀에 대한 지독한 편견이 똬리를 틀고 있는 것이니까요. 여자를 가리켜 아무런 노력도 할 줄도 모르고 남자보다 아주 열등한 존재이며 그저 남편 하나 잘 만난 덕에 '잘 먹고 잘사는' 존재라고 한다면 기분 좋을 사람이 어디 있겠어요? 긍정적인 에너지와 무한한 가능성을 촉구하는 이 신화에도 그에 못지않은 위험이 도사리고 있군요. 피그말리온 역효과라고나 할까요?

피그말리온 신화의 다른 이름들

상대를 거침없이 비판하는 독설가로 유명한 영국의 조지 버나드 쇼의 희곡 중에 『피그말리온』이 있습니다. 이 희곡은 1960년대에 〈마이 페어 레이디〉라는 제목으로 영화화되기도 했죠. 이 영화에서 히긴스 교수는 꽃을 파는 여자 일라이자를 교양 있는 숙녀로 바꾸어놓을 수 있는지 피커링 대령과 내기를 합니다. 여자에 대한 부정적 편견이 엄청난 히긴스 교수는 영화 내내 일라이자가 모욕감을 느낄 수 있는 말을 아무렇지도 않게 내뱉습니다. "그러니까 여자는 안 돼" 하는 말은 애교에도 끼지 못합니다. 그러니 시골에서 갓 상경

한, 배운 것도 없고 자기 멋대로인 데다가 사투리밖에 쏟아내는 것이 없는 일라이자가 엄청난 모욕과 차별을 당하는 것은 아주 당연한 일이었겠죠. '여자라서' '여자는' '여자니까' 어떤 욕을 먹어도 당연하다는 식이죠. 하기야 상스럽고 교양 없는 말을 내뱉는 인간들은 다 사형시켜야 한다고 주장할 정도로 극단적인 생각을 가지고 있는 사람이니 히긴스 교수가 이 시골 처녀를 어떻게 대했을지는 아주 빤하죠.

그러나 그런 모욕을 받으면서도 일라이자는 한 단계씩 상류층의 언어를 익히고 그들의 교양을 배워나갑니다. 그런데 히긴스는 이 여자를 언제나처럼 무시하고 모욕하면서도 어느새 그녀를 좋아하고 있는 자신을 발견합니다. 여자도 마찬가지죠. 그녀는 자신을 무시하는 말로 윽박지르기만 하는 교수를 대하면서 조금씩 조금씩 그를 마음에 담기 시작합니다. 결과는 해피엔딩!

그런데 이 희곡의 바탕은 왕자인 플로리젤이 양치기 소녀 베르디타를 만나 사랑을 키워 마침내 결혼에 이르는 영국의 유명한 작가 셰익스피어의 『겨울 이야기』이고, 그 『겨울 이야기』의 원전이라 할 수 있는 것은 바로 기원전 그리스 사람 오비디우스가 지었다는 「변신 이야기」에 나오는 피그말리온 신화입니다. 신화는 이처럼 끊임없이 몸을 바꾸고 얼굴을 바꾸고 이름까지 고쳐가면서 심심하면 우리 뒤에서 얼굴을 내밀곤 하는군요.

디도Dido는 북아프리카 카르타고의 전설적인 여왕으로 일컬어지는 인물입니다. 페니키아의 튀로스 왕국의 공주였던 그녀는 숙부 시카이오스와 결혼을 하는데 이는 어린 딸을 지켜줄 든든한 후원자를 세워주고 싶은 아버지 벨로스의 배려였습니다. 아버지가 세상을 떠났을 때 그녀의 나이는 겨우 열다섯 살이었거든요. 그러나 욕심 많은 오빠 피그말리온(여기에도 피그말리온이 등장합니다. 물론 신화의 피그말리온과는 동명이인이죠)이 동갑내기였던 숙부이자 매제인 시카이오스를 자객을 보내 죽이고 재산까지 빼앗습니다. 그녀는 가까스로 튀로스를 탈출해 아프리카 해안에 카르타고라는 도시를 건설하죠. 처음 해안에 도착한 그녀는 그곳의 왕인 바르바스에게 청원합니다. "한 마리 소가죽으로 덮을 만큼만 땅을 나누어주세요." 한 마리 소가죽으로 덮을 만한 땅? 겨우 그만 한 땅으로 무엇을 하랴 싶어서 허락하자 디도는 소가죽을 아주 가늘게 잘라 제법 큰 땅을 차지하게 됩니다. 그 도시를 '비르사'라고 했는데 이는 소가죽이라는 뜻이라죠? 그로부터 카르타고는 막강한 나라로 성장합니다.

피그말리온 신화에서는 상아로 만든 조각상이 생명을 얻어 갈라테이아로 탄생한다지만 다른 신화에서도 변신의 이야기는 아주 흔합니다. 이는 인간의 내면에 인간과 짐승의 욕망이 함께 들어 있다는 것으로 볼 수도 있고 인간으로서의 한계를 절감하고 있는 인간의 초월의식을 말한다고 할 수도 있습니다. 그러나 우리에게 더 중요한 것은 신화를 통해 그 신화를 낳은 시대의 고민과 시련을 극복해나간 용기를 잊지 말아야 한다는 것입니다. 여자들이 모두 사악하다고 하지만 피그말리온은 결국 여자를 통해 행복을 찾거든요.

조선시대 양사언이라는 분이 이렇게 읊은 적이 있다죠? "태산이 높다 하되 하늘 아래 뫼이로다. 오르고 또 오르면 못 오를 리 없건마는 사람이 제 아니 오르고 뫼만 높다 하더라." 목표를 가지고 끊임없이 노력한다면 그 높고 높은 태산의 정상에도 충분히 오를 수 있듯이, 피그말리온이 마침내 자신의 꿈을 이루었듯이, 우리도 쉬지 않고 노력하다 보면 언젠가는 목표에 도달할 수 있지 않을까요? 어쩌면 그런 믿음을 가지고 지금도 각 분야에서 자신의 갈라테이아를 깎는 피그말리온들이 있어 세상은 더 희망이 있는 것인지도 모르겠습니다. 피그말리온, 그대도 이미 믿고 있을걸요? 이제 그대의 꿈도 멀지 않아 이루어질 거라는 걸요.

끝없이 노력하여 한 걸음 한 걸음 목표를 향해 나아가고 있는 과학자, 운동선수, 교사, 그리고 가장 많은 꿈을 가지고 오늘도 노력하고 있는 학생들이야말로 이 시대의 진정한 피그말리온이 아닐까, 그런 생각이 드네요.

생각 한 뼘 더 키우기

1 피그말리온 효과란 무엇일까요?

2 피그말리온 신화의 긍정적인 점과 부정적인 점을 함께 생각해봅시다.

3 일이 실패했을 때는 자신의 능력이 부족하다고 탓하기 전에 나자신의 노력이 부족하지는 않았는지 돌이켜봅시다. 성공과 실패는 아주 작은 차이에서 비롯되는 것이니까요. 오히려 지금까지 실패했다면 다음에는 성공의 가능성이 훨씬 더 큰 게 아니겠어요?

7장

사람은 누구나 제 안에 꽃을 품고 있다

: 꽃이 된 남자들

꽃은 여성명사?

꽃은 남성명사일까요, 아니면 여성명사일까요? 독일어에서 꽃은 여성명사입니다. 사전에서는 (f.)Blume(블루메)라고 표기하는데 이때의 f는 여성명사임을 나타냅니다. 남성명사는 m, 중성명사는 n으로 적죠. 스페인어에서도 꽃 flor hermosa(플로르 에르모사)은 여성명사입니다. 엘리뇨 El nino, 라니냐 La nina를 아시죠? 적도 근처의 태평양 수온이 높아져서 폭우와 태풍, 열대야 등의 기상 현상이 일어날 때 이를 엘리뇨라 하고, 그 반대로 태평양 수온이 낮아져서 가뭄과 저온 현상을 불러일으키는 것을 라니냐라고 하죠. 그런데 엘리뇨는 소년을, 라니냐는 소녀를 가리키는 스페인어입니다. 프랑스어인 벨 플러흐 belle fleur, 이탈리아어 벨라 피오레 bella fiore도 여성명사입니다.

꼭 사전을 찾아보지 않아도 우리는 꽃을 남성명사라고는 생각하지 않을 것 같습니다. 비록 우리나라처럼 명사를 남성, 여성, 중성명사로 구별하지 않는 나라에서도 그런 것을 보면 단어마다 성을 구별해 적는 나라야 더 말할 것도 없겠습니다. '꽃이야 당연히 여성명사지' 오히려 묻는 사람이 이상한 것 아니냐며 비웃음을 받을지도 모르겠습니다. 그래요. 꽃이야 당연히(?) 여성명사겠죠.

이렇게 사물에 성을 붙여 구별하는 것은 그런 사물에 대한 기본적인 인식을 바탕으로 하는 것입니다. 물론 가끔 '이게 왜 여성명사가 아니지?' '이게 왜 남성명사야?' 하는 의문이 드는 경우도 있기는 하지만 대부분은 우리의 생각과 크게 다르지 않습니다. 그러니까 꽃을 여성적인 대상으로 보는 것도 크게 문제가 되지 않겠네요. 해어화^{解語花}라는 말이 있습니다. '말을 이해하고 말할 수 있는 꽃'이라는 뜻인데 사실은 여자를 가리키는 단어입니다. 역시 우리나라를 비롯해서 동양도 꽃과 여성을 동일시하는 것은 똑같군요.

그렇지만 그리스 신화를 살펴보면 여성보다 멋진 청년이나 미소년이 꽃으로 변한 예도 적지 않습니다. 워낙 잘생겨서 꽃처럼 아름답다는 말일까요, 아니면 가장 멋있고 아름다운 상대를 꽃이라 부르는 것이 뭐 어떠냐는 것일까요? 알 수는 없지만 '꽃이 된 남자' 세 명을 만나보려 합니다.

바람 같은 남자, 바람꽃이 된 아도니스

사이프러스라는 섬을 떠올릴 때 미의 여신 아프로디테를 함께 생각하는 사람은 그리스 신화와 이미 친숙한 분입니다. 조개껍데기를 타고 거품에 싸인 채 아프로디테가 도착한 곳이 바로 사이프러스니까요. 그래서인지 이곳에는 아프로디테를 모시는 신전도 있고 이 여신을 기리는 축제도 성황을 이룬다고 합니다. 사랑을 나누는 데도 이곳 여성들은 아프로디테를 닮아서인지 아주 적극적이고 개방적이라고 하죠. 거품처럼 허무하게 스러지고 마는 '아름다움'을 놓치지 않으려고 사람들은 운동도 하고 먹는 것도 가려가며 애를 씁니다만 그런다고 해서 아름다움을 언제까지 붙잡아둘 수 있을지 모르겠습니다.

한 사람이 더 생각났다면 당신은 그리스 신화를 아주 잘 아는 분일 겁니다. 조예가 아주 깊다고 자부하셔도 될 것 같습니다. 그가 누구냐 하면, 예, 그렇습니다. 당연히 피그말리온이죠. 자신이 상아로 조각한 여인이 진짜 여인이 되는 기적을 연출하신 분이 바로 피그말리온이니 사이프러스, 키프러스 하면 이분을 잊을 수 없겠습니다. 그리스, 이집트, 터키와 가까운 지리적 위치 때문인지 과거 영국과 터키의 식민지가 되어 고통을 겪었고 지금도 몇 개의 나라로 갈라져 있는 이 섬에도 아름다운 이야기가 곳곳에 스며 있습니다. 시칠리아, 사르데냐에 이어 지중해에서 세 번째로 크다는 사이프러스는 대체 얼마나 아름다운 곳일까요? 얼마나 아름다운 곳이기에 사람들은 이곳에서 아프로디테 여신을 만날 수 있었던 걸까요?

키니라스 왕이 사이프러스를 다스리던 때의 이야기입니다. 그런데 이 키니라스 왕이 바로 피그말리온의 외손자라니 신기하지 않나요? 이 키니라스에게는 눈에 넣어도 아프지 않을 만큼 예쁜 딸이 있었습니다. 이름을 뮈라^{myrrah}라고 한답니다. 그런데 이 딸은 아버지를 아주 좋아합니다. 딸이 아버지를 좋아하는 거야 당연한 것인데 그게 왜? 하실 수도 있겠지만 이건 그 정도가 아주, 대단히 심각하거든요. 그래서 문제가 됩니다. 뮈라는 아버지를 아버지인 동시에 사랑하는 이로 생각하고 있으니까요.

아프로디테를 숭배하는 섬답게 이곳 사람들에게는 자유롭게 남녀가 만날 수 있는 날이 있었습니다. 바로 아프로디테 축제 기간이죠. 이때에는 남편이나 부인이 있는 사람들이 평소 마음에 담고 있던 다른 사람과 버젓이 밤을 지내고 와도 그리 큰 문제가 되지 않았습니다. 그러니 처녀나 총각 들은 말할 필요도 없죠. 그중에서도 이 섬의 여성들이 사랑을 나누는 데에도 더 적극적이고 개방적이었다는데, 그렇게 된 데는 다른 특별한 이유가 하나 더 있었습니다. 이 섬에는 누구나 들어갔다 나오기만 하면 모든 여자를 다시 처녀로 만들어주는 샘이 있었다고 합니다. 믿기지 않는 이야기지만요.

아프로디테 축제가 다가오자 뮈라가 유모에게 부탁을 합니다. 부탁을 들은 유모가 키니라스 왕에게 이렇게 전하는군요. "폐하, 폐하를 오랫동안 사모해온 처녀가 이번 축제 때 폐하를 잠자리에서 모시고 싶어 합니다. 그러니 너그러운 마음으로 그 소원을 들어주시죠. 소원이 하도 간절해서요. 만약 폐하를 모시지 못한다면 실망해서 무슨 일을 저지를지도 모르겠어요. 그러니…….""알았네, 그렇게 하지." 키니라스는 상대가 처녀라는 것이 다소 마음에 걸렸으나 이럴 때는 거절하기도 어렵다고 생각합니다.

축제일이 되어 뮈라가 아버지 키니라스의 방에 들어가기 전 키니라스는 술을 마시고 불도 다 끈 채 기다렸습니다. 처녀 얼굴이라도 한번 보고 싶었지만 참기로 합니다. "그 처녀가 워낙 부끄러워해서요……." 유모의 말에 일리가 있다고 생각한 왕은 방에 들어온 처녀와 어둠 속에서 잠자리를 갖고는 깊은 잠에 빠집니다. 온종일 축제에 참여하느라 지친 데다가 한잔 했더니 힘들기도 했거든요. 상대가 누군지, 어디에 사는지도 모른 채 그날 밤은 그렇게 무사히(?) 지나갔습니다.

시간이 흐르면서 이상하게도 딸 뮈라의 배가 불러오기 시작했습니다. 임신 사실을 이제는 누구나 다 알아챌 상황이 되었습니다. 키니라스는 시집도 가지 않은 딸의 배가 불러오자 놀라서 묻습니다. "그래, 아이의 아버지는 누구냐? 언제부터 잘생긴 왕자라도 사귄 것이냐?" 머뭇거리기만 하던 뮈라가 모기만 한 소리로 대답합니다. "아이의 아버지는 아이의 외할아버지시기도 합니다…….""뭐야?" 뮈라가 밖으로 도망치자 칼을 뽑아든 키니라스가 쫓아갑니다. 뮈라가 달아나지만 마침내 키니라스의 칼에 목숨을 잃을 처지가 되는데 아버지의 손에 딸이 희생되는 것이 안타까웠던 아프로디테가 그녀를 나무로 바꾸어줍니다. 몰약나무라고 들어보셨나요? 뮈라는 몰약나무로 변신을 했는데 나무로 변한 그녀가 흘리는 눈물이 바로 몰약이라고 합니다. 그것이 안쓰러워 흘린 아프로디테의 눈물은 장미가 되었고요. 향료로도 쓰는 이 몰약은 동방박사들이 지상에 오신 예수님을 경배할 때 바친 예물에도 들어 있었죠. 뮈라는 아기를 가진 채 나무로 변하고 말았는데 시간이 지나자 아프로디테는 나무를 가르고 아이를 꺼냅니다.

아프로디테는 아이를 상자에 담아 페르세포네에게 보냅니다. 페르세포네는 대지의 여신인 데메테르의 딸입니다. 그러나 저승의 신 하데스가 페르세포네를 납치하는 바람에 저승에 끌려오게 된 여신이죠. 사랑하는 딸 페르세포네를 잃고 온 세상을 헤매던 데메테르는 마침내 딸이 저승으로 납치되어 간 것을 알게 되고 제우스에게 청원합니다. 신이라 해도 함부로 저승으로 들어갈 수는 없거든요. 제우스는 형이자 동생인 하데스의 짝을 구해주고 싶은 마음을 가지고 있습니다. 막내이면서도 가장 노릇을 하는 제우스는 먼저 태어났지만 아버지 크로노스가 삼켰다가 마지막으로 토해냈기 때문에 막내가 된 하데스를 좀 안되었다고 생각하는 중입니다. 세상에 어떤 여자가 자발적으로 나비 한 마리, 햇살 한 조각도 찾아오지 않는 캄캄한 지옥, 저승에서 살겠다고 하겠어요? 하기야 그러니까 하데스가 이제까지 홀아비, 노총각으로 남아 있던 거겠지만요. 제우스는 페르세포네를 하데스와 맺어주고 싶어 합니다. 그래서 데메테르를 위로하는 척 이야기를 꺼냅니다.

"저승은 워낙 어둡고 멀어서 나도 함부로 드나들 수가 없어요. 그러나 방법이 없지는 않아요. 마침 저승에 끌려온 페르세포네가 울기만 하고 아무것도 입에 대지를 않았다네요. 전령신인 아들 헤르메스를 보내 데려오도록 하죠. 헤르메스가 다녀올 때까지 페르세포네가 저승에서 준 음식을 먹지 않았다면 무사히 데려올 수 있을 거요." 그렇게 위로를 하면서 제우스는 찡긋, 헤르메스에게 눈짓을 합니다. 네가 알아서 하라는 뜻이죠.

헤르메스가 찾아오자 하데스의 속이 복잡합니다. 어쩌죠? 그냥 보내기는 아깝고 그렇다고 무조건 못 보낸다며 거절할 수도 없고. 헤르메스가 슬며시 말합니다. "저승의 음식을 아무것도 먹지 않았다면 페르세포네를 돌려주셔야 합니다. 그러니……" 그러자 눈치를 챈 하데스가 울고 있는 페르세포네를 불러 위로하는 척 말을 건넵니다. "정 돌아가고 싶다면 어쩔 수 없네요. 어머니께 돌려보내줄 테니 울지만 말고 이 과일이라도 먹어봐요. 그동안 아무것도 먹지 않았으니 얼마나 배가 고프겠어요? 어머니를 만날 때를 생각해서라도 기운을 내야죠. 그러니 어서." 내키지는 않지만 어머니에게 돌려보내준다는데 막무가내로 거절할 수도 없어 페르세포네는 석류 한 알을 받아서는 입에 넣습니다. 곧 어머니를 만날 수 있다니 다소 안심도 되었나 봅니다. 그래서 석류의 즙만 빨아먹고 씨앗을 뱉습니다. 하데스는 비로소 음흉한 웃음을 짓습니다. "됐어!"

일이 돌아가는 것을 보고받은 제우스가 데메테르에게 말합니다. "따님이 저승에서 아무것도 먹지 않았으면 좋았을 텐데 석류를 받아먹었다니 방법이 없네요. 그러니 페르세포네는 일 년 중 절반은 저승에서 지내야만 해요. 나머지 시간은 어머니와 같이 지낼 수 있죠. 어때요? 그렇게라도 하는 게." 속을 짐작하지 못하는 것은 아니지만 마지못해 데메테르도 고개를 끄덕이고 맙니다. 그때부터 페르세포네가 저승에 있는 동안 지상은 겨울이 된 것입니다. 그녀가 지상으로 돌아오면 단단히 얼어붙어 있던 모든 만물이 함께 피어나 마음껏 생명을 노래하게 되죠. 봄이니까요.

상자에 담긴 아이가 페르세포네에게 전해지자 절대 열어보지 말라는 아프로디테의 당부를 어기고 호기심이 발동한 이 여신도 슬며시 상자를 열어봅니다. 페르세포네는 이 잘생긴 아이를 보고 한숨을 쉽니다. 청년이 된 그의 모습을 상상한 거죠. 훗날, 페르세포네는 이 아이를 아프로디테에게 돌려보내는데 이때 이미 이 아이는 훤칠한 청년이 되어 있었습니다. 아프로디테는 이 청년을 사랑해서 잠시도 그의 곁을 떠나지 않으려 합니다. 페르세포네는 이 청년을 지상으로 보내기는 했지만 다시 그를 데려올 방법이 없을지 고민하고 있고요. 여신의 사랑을 받는 것은 좋은데 그를 좋아하는 여신이 하나가 아니라 둘이라니 좀 걱정스럽군요.

아프로디테가 밤낮없이 이 청년, 아도니스와 사랑을 나누고 함께 사냥터를 누비자 이를 시기한 또 다른 신이 있었습니다. 아프로디테의 남편은 아니지만 이미 아프로디테의 연인으로 소문이 난 전쟁의 신 아레스가 잔뜩 화가 났습니다. "저 자식 때문에 아프로디테가 나를 만나주지도 않아? 그렇다면." 씩씩거리던 아레스가 아르테미스의 흉내를 냅니다. 아르테미스처럼 그도 무시무시한 멧돼지 한 마리를 내려보내거든요.

사냥을 지나치게 좋아하는 아도니스가 걱정이 된 아프로디테는 잠시도 그의 곁에서 떨어지지 않으려 합니다. 사냥을 삼가라고 수십 번도 더 당부했건만 아도니스는 여전히 들은 척도 하지 않거든요. 그러니 열심히 따라다니며 문제가 발생하지 않도록 할 수밖에요. 그러나 그런다고 해도 아레스의 흉계를 벗어날 수는 없습니다. 아도니스를 만난 멧돼지가 그 날카로운 어금니를 아도니스의 배 깊숙이 박아버리거든요. 잠시 천상에 다녀오려고 아도니스의 곁을 떠났던 아프로디테가 아도니스의 비명을 듣고 놀라서 황급히 돌아왔지만 때는 이미 늦은 모양입니다. 그녀가 도착했을 때 아도니스의 영혼은 막 그의 몸을 빠져나가고 있었으니까요.

아픈 마음을 억제하지 못한 아프로디테는 아도니스의 피에 신주를 붓습니다. 그러자 그 자리에는 낯선 꽃 한 송이가 피어나는데 이 꽃은 봄바람이 한번 불면 피어났다가 다시 한 번 바람이 불어오면 금방 시들고 맙니다. 그래서 사람들은 이 꽃을 바람꽃이라고도 부

르고, 바람을 뜻하는 그리스어 아네모스^{anemos}에서 빌려 아네모네라고도 부른답니다. 아름답기는 하지만 일찍 세상을 떠난 청년 아도니스를 닮아 이 꽃도 지상에 오래 남아 있을 수는 없습니다. 그를 몰래 마음에 두고 있던 페르세포네 곁으로 돌아가야 하니까요.

아도니스는 아네모네이기도 합니다. 그러니 그는 이름에서부터 알 수 있듯 지상에는 잠시만 머무를 수 없는 운명이었던 셈입니다. 바람도 잠시, 잠시 불기 마련이니까요. 빨간 아네모네, 노란 아네모네, 하얀 아네모네가 다 예쁘지만 보라색 아네모네가 특히 아름다워 보입니다. 아도니스의 피가 배어 있어서 그럴까요? '사랑의 괴로움'이라는 꽃말에는 아프로디테의 한숨이 스며 있는 듯합니다. 사랑의 여신인 아프로디테가 사랑에 목말라하고, 허무하게 떠나간 사랑에 괴로워한다는 것이 조금 아이러니하기도 하지만요.

사랑을 거절한 자, 자신 또한 사랑으로 괴로워하다

나르키소스는 강의 요정 리리오페의 아들입니다. 보이오티아 지방에 있는 강의 신 케피소스가 강물이 넘칠 때 리리오페를 사랑해 낳은 아들이죠. 리리오페는 아들의 운명을 알고 싶었습니다. 그래서 유명한 예언자 테이레시아스를 부릅니다. 리리오페가 테이레시아스에게 묻죠. "이 아이가 오래 살 수 있을까요?" 그런데 테이레시아스의 대답이 좀 개운하지가 않습니다. "물론이죠. 자기 자신의 얼굴을 보지 않는다면 말입니다." 리리오페는 별 이상한 노인도 다 보겠다는 표정입니다. '오래 살면 사는 거고 일찍 죽는다면 죽는 거지, 자신의 얼굴을 보지 않으면이라는 건 또 뭐야?' 집 안에 있는 거울이란 거울은 어서 빨리 한 개도 남기지 않고 싹 다 치워야겠군요. 강이거나 바다이거나 수면도 늘 흔들리게 해야 하니 리리오페도 많이 바쁘게 되었습니다. 하기야 흔들리지 않는 수면은 없으니 아들이 오래, 잘 살 수 있지 않을까요? 좋게만 생각하고 싶은 어머니 리리오페의 생각도 그랬습니다.

그래서인지 나르키소스는 아주 건강하게 잘 자랐습니다. 뿐만 아니라 너무 잘생긴 것이 탈일 정도로 멋쟁이라서 걱정입니다. 잘생긴 게 탈이라고? 그런 생각이 들겠지만 워낙 잘생긴 이 청년에게는 귀찮은 일이 한두 가지가 아닙니다. 남자든 여자든, 요정이든 사람이든 나르키소스를 한번 보면 누구나 그의 포로가 되고 마니까요. 그들은 한결같이 나르키소스에게 자신의 사랑을 받아주기를 청합니다만 콧대가 높은 이 청년은 아무도 눈에 들어오지 않습니다. 아무리 달콤한 사랑의 말도 전혀 들리지 않습니다. 그래서 냉정하게, 차갑게 거절하죠. 만약 미련을 가지게 되면 언제까지 그를 따라다니며 괴롭힐지 모르거든요. 하기야 이런 복이 아무에게나 오는 것도 아니니 세상은 참 불공평하기도 합니다. 못생긴 자들에게는 속에서 열불이 날 일이군요.

나르키소스를 사랑하는 요정이 한둘이 아니지만 이미 그에게 마음을 다 내준 요정이 있었습니다. 이 요정의 이름은 에코. 에코는 말이 많은 게 탈이지 흠잡을 데 없이 아름답습니다. 그러나 나르키소스는 에코의 사랑마저 거부합니다. 헤라 여신의 벌을 받아 남이 하는 말의 마지막 단어밖에 되풀이할 수밖에 없는 에코에게 나르키소스의 거절은 견딜 수 없을 만큼 가혹한 형벌입니다. 아무리 따라다녀도, 아무리 사랑한다는 말이 목까지 차올라도 그는 먼저 사랑한다는 말을 꺼낼 수 없으니까요.

바람을 피우는 제우스를 감시하러 헤라 여신이 숲에 들어섰을 때 에코는 반가운 마음에 이런저런 이야기를 헤라에게 잔뜩 늘어놓는데 이 수다쟁이의 말을 듣고 있다가 남편 제우스의 행방을 놓친 여신이 에코에게 화풀이를 해댄 적이 있거든요. "너는 이제부터 남보다 먼저는 한마디도 하지 못할 것이다. 오직 남이 한 말의 마지막 단어만을 내뱉을 수 있을 뿐이다." 에코는 나르키소스를 사랑하는 마음을 다스리지 못하고 점차 형체를 잃어갑니다. 마침내 그녀의 형체는 흔적도 없이 사라졌지만 그녀의 말, 그녀의 마음만은 여전히 세상에 남아 떠돌게 되었습니다. 메아리가 바로 그것이죠. 에코 자체가 메아리라는 뜻 아닌가요?

나르키소스의 냉혹한 거절에 마음이 상한 것은 에코만이 아닙니다. 아메이니아스라는 청년도 나르키소스를 사랑한 나머지 한시도 놓치지 않고 그를 따라다니는 중이었죠. 그러나 나르키소스는 이 청년의 구애에도 아랑곳하지 않고 사냥이나 즐기고 들판으로, 산과 숲으로 돌아다니느라 바쁩니다. 그가 아메이니아스에게 장난삼아 칼을 선물합니다. 이 칼로 죽으라는 건지, 칼을 사랑의 정표로 가지고 있으라는 건지 모르지만, 칼을 선물하다니 이거 너무 위험하지 않을까요? 결국 그의 사랑을 얻지 못한 아메이니아스는 우리가 걱정한 대로 나르키소스가 준 칼로 자기 가슴을 찌르고 맙니다.

그러자 나르키소스에게 지울 수 없는 상처를 받은 요정이며 신들이 그에게 저주의 말을 퍼붓게 됩니다. "제가 무수한 이의 사랑을 거절해 수많은 자들이 지울 수 없는 아픔을 겪었듯이 이들의 고통을 나르키소스도 고스란히 돌려받게 해주소서. 사랑을 하되 그 사랑이 용납되지 않은 고통이 얼마나 큰 것인지 저자도 알게 하소서." 요정들의 저주를 들은 네메시스가 고개를 끄덕입니다. 네메시스는 복수의 여신입니다. 이 신은 세상에서 악행을 저지른 자뿐만이 아니라, 사랑을 거절하여 상처를 남긴 자를 절대 용서하지 않습니다. 남의 부탁을 받지 않았어도 용서하기 어려웠을 텐데 이렇게 간절한 소원을 들었으니 네메시스가 가만히 있을 리가 없겠네요.

한나절 내내 사냥터를 뛰어다니다 보니 나르키소스의 발이 먼저 숲속으로 향하는군요. 시원한 그늘에 있는 연못은 하도 맑고 깨끗

해서인지 사람뿐만 아니라 온갖 짐승과 새를 다 불러 모읍니다. 나르키소스도 숲속으로 들어가자마자 연못으로 직행합니다. 어서 빨리 얼음같이 차가운 물로 목을 축이고 싶으니까요. 그런데 몸을 숙이고 물을 마시려던 나르키소스가 한순간, 움직이지 않습니다. 물에는 지금까지 보지 못했던 아주 잘생긴 청년이 자신을 빤히 올려다보고 있었거든요. 그도 이 청년을 똑바로 마주 봅니다. 그 순간 그는 정체 모를 이 청년의 포로가 되고 맙니다.

그러나 그가 손을 내밀자마자 같이 손을 내미는 척하던 청년은 순식간에 사라지고 맙니다. 금방이라도 그의 입술을 받아줄 것 같던 청년은 나르키소스의 입이 물에 닿기도 전에 흔적도 없이 사라지고 맙니다. 아무리 손을 내저어도, 아무리 빨리 그에게 접근을 해도 닿을 듯하지만 닿지 않습니다. 사랑을 거절하기만 하던 청년 나르키소스는 비로소 자신이 누군가의 저주로 벌을 받고 있다는 것을 알게 됩니다. "사랑을 외면당한 자의 고통이 이렇게 크다니!" 그러나 나르키소스에게 반한 영혼들이 그랬던 것처럼 나르키소스도 사랑의 고통을 이겨내지 못합니다. 그는 그 자리에 쓰러지고 맙니다. 그러자 그의 몸에서는 피와 함께 영혼도 서서히 빠져나갑니다. 나르키소스의 숨이 멈추고 눈이 감기자 온 숲이 통곡하는 소리로 가득해집니다. 그를 고통스럽게 해달라고 저주하던 요정들도 나르키소스의 죽음에 눈물을 멈추지 못하거든요.

언제나 바람을 보내 수면을 흔들어놓던 리리오페가 이날만은 바람을 부르지 않은 것이 화근이었을까요? 오늘 한 번쯤이야 어떠랴 싶었던 걸까요? 뒤늦게 리리오페가 손을 썼는지 어느 순간 나르키소스의 몸이 송두리째 사라집니다. 그리고 그 자리에는 노란 꽃 한 송이가 피어나는 게 아니겠어요? 그의 잘생긴 금발이 바람에 흔들리는 듯, 요정들의 한숨이 배어나는 듯 꽃도 가볍게 흔들립니다. 사람들은 이 꽃에 그의 이름을 붙여 나르키소스, 물가에 피어난 선녀 '수선화'라고 부릅니다.

나르키소가 사랑을 거부했듯 수선화는 아름다운 꽃을 피우면서도 절대 열매나 씨앗은 맺지 않습니다. 거절했으니 결실도 없는 건가요? 그래서 수선화를 번식시키려면 알뿌리를 이용해야 합니다. 겨울, 방 안에서 수경 재배하기에 제격인 꽃이 바로 수선화죠. 저승으로 간 나르키소스는 아직도 자기 모습에 취해 고개를 돌리지 못할지도 모르겠습니다. 저승으로 가기 위해 스틱스 강을 건널 때에도 나르키소스는 본능적으로 물에 비친 자기 얼굴을 보려고 몸을 기울였을 정도였다고 하니까요.

나르키소스는 잠이나 무감각을 뜻하는 나르케narke에서 온 말이라고 합니다. 그의 이름에서 따온 나르시시즘을 자아도취라고 하는데, 이는 나르키소스가 남도 아닌 자기 자신에게 반했듯 지나치게 자기만을 생각하는 마음이 강한 것을 가리키는 말이죠. 자아도취에 빠져 있는 사람은 자신만이 최고요, 전부라고 생각하는 경향이 있습니다. 그래서 다른 사람에 대해서는 무관심하고 대인 관계도 원만하지 않은 경우가 많습니다. 남과 소통하려 노력하지 않았기 때문에 소통할 줄도 모르고요. 그러나 지나치게 자기중심으로만 생각하기 때문에 상대가 자신을 인정해주지 않으면 여간해서 참지도 못합니다. 그러니 이런 사람들이 사회생활인들 원만히 하겠어요?

『그리스 안내기』라는 책을 지은 그리스 여행가이자 지리학자 파우사니아스는 조금 다른 이야기를 하기도 합니다. 나르키소스에게는 쌍둥이 여동생이 있었습니다. 그런데 사랑하던 여동생이 아주 일찍 죽었거든요. 어쩌면 사랑하던 여동생이 죽으면서 나르키소스도 사랑을 단념하게 되었을지도 모르겠습니다. 사랑하는 사람을 잃는다는 것을 다시 경험하고 싶지 않을 테니까요. 나르키소스가 반한 것도 물에 비친 자신의 모습이 아니라 바로 오래전에 떠난 여동생의 모습이었다고 주장하는 사람도 있습니다. 흔적도 없이 사라진 그가 돌아와 말하기 전에야 그 진실을 누가 알 수 있겠습니까마는.

하지만 고통으로 스러진 그가 꽃으로 다시 피어났다는 것이 중요합니다. 꽃은 새로운 시작이자 인생의 봄, 청춘을 말하는 것이니 나르키소스는 해마다 새로운 사랑으로 피어나고 있는 셈입니다. 살아서 하지 못한 사랑을 봄만 되면 아낌없이 다시 시작하는 것일까요?

추위를 밀어내며 꽃이 피어나는 것을 보면서 절망에 빠졌던 사람들도 다시 한 번 시작해보자며 주먹을 굳게 쥐는 것도 그런 이유일 듯합니다. 지나치게 자신에게만 빠져들던 버릇도 조금씩 고쳐가면서요. 그렇게 하다 보면 차갑고 어두운 땅에서도 꽃이 피어나듯 세상도 더 밝아지지 않을까, 그런 생각도 가지게 되는군요.

하나만 더 이야기해보죠. 아폴론은 오지랖이 넓어서인지 지상에 귀양을 와서도 말썽을 일으킬 때가 많았습니다. 한때, 아폴론은 스파르타 왕의 아들인 히아킨토스를 좋아해서 열심히, 졸졸 따라다닌 적이 있습니다. 신은 자기가 좋아서 아무런 대가 없이 따라다녔다고 하겠지만 그게 아닙니다. 아폴론이 하는 짓이 엉뚱한 화를 불러오거든요. 아폴론은 아주 잘생겨서 간혹 '미스터 올림포스'로 불리기도 하잖아요? 그래서인지 그를 좋아하던 신, 제피로스(서풍)의 질투를 부릅니다.

아폴론이 히아킨토스와 원반던지기를 하며 놀고 있었습니다. 한창 신이 난 청년 히아킨토스는 아폴론보다 더 멋있게, 더 멀리 던져보고 싶은 욕심에 아폴론이 던진 원반을 향해 달려갑니다. 땅에 떨어지는 원반을 잡으러 히아킨토스가 뛰어가자 질투에 눈이 뒤집힌 제피로스가 원반을 엉뚱한 방향으로 튀게 했습니다. 원반은 히아킨토스의 이마를 정통으로 때립니다. 원반던지기 놀이도 이렇게 사람 잡을 때가 있군요. 히아킨토스는 그 자리에서 목숨을 잃고 맙니다.

아폴론이 놀라 달려오지만 히아킨토스는 이미 피를 흘리며 죽어갈 뿐입니다. 의술의 신도 어찌하지 못할 때가 있습니다. "내 잘못이다. 내 잘못이야." 아폴론이 울며 눈물을 흘리는데 이 청년이 흘린 피에서 꽃이 피어나기 시작합니다. 아폴론은 그 꽃잎에 제 잘못, 슬픔을 새기는데 이 꽃에는 지금도 슬픔이라는 뜻의 '아이 아이^{ai ai}'라는 글씨가 선명하다고 하죠. 사람들은 이 청년의 이름을 따 이 꽃을 히아신스라고 부릅니다.

사실 히아신스는 아미클라이 지방에서는 그리스 원주민들이 식물의 신으로 떠받들던 꽃이기도 합니다. 봄이 되어 대지를 뚫고 피어오르는 이 꽃이 마치 새로운 부활을 나타내는 것처럼 보였던 모양입니다. 히아신스를 기리는 히아킨티아 축제도 성행했다고 하는데, 후에는 아폴론의 이름을 따 아폴론 축제로 변했답니다. 히아신스 이야기가 전해질 만도 하군요.

짧은 시간, 그래서 더욱 아름다운 존재

꽃은 아름답습니다. 눈부시죠. 그러나 꽃은 오래 머물지 못합니다. 비록 우리나라 무궁화처럼 오래도록 피는 꽃도 있다지만 대부분의 꽃은 허무하리만큼 생명이 짧죠. 물론 무궁화도 피고 지는 것이 오래 이어지기에 그런 이름이 붙은 것일 뿐 한번 핀 꽃은 그리 오래 지상에 남아 있지 못합니다. 꽃의 황홀한 아름다움은 눈부시기까지 합니다. 그러나 아름다움은 곧 질투의 대상으로 변하기 쉽고 질투를 받으면서는 아무도, 아무것도 오래 존재할 수 없습니다. 그들이 그렇게 멋있는 청년이 아니었다면 그들은 신의 사랑을 받지도 못했을 것이고, 그 덕에 허무하게 목숨을 잃을 염려도 없었을 테니 결국 그들의 생명을 앗아간 것도 그들이 보는 이의 부러움을 사던 아름다움이 아닐까 하는 것입니다. 양날의 칼인 셈이군요.

남의 칭송을 받고 있는 동안은, 자아도취에 빠져 있는 동안은 남의 말이 귀에 들어오지 않습니다. 그래서 남에게 관심도 갖지 않게 되죠. 그 결과가 이런 불행으로 나타난 것입니다. 그러므로 아름다운 사람은 속으로 자랑스러워하되 공연히 드러내서 스스로 질투를 부르지 않도록 해야 할 것입니다. 내가 최고라고, 드디어 내가 모든 것을 정복했다고 우쭐대다가는 어느 누구의 질투를 부를지 모르는 일이니까요.

혹 꽃을 바라보면 들리기는 할까요? 스스로의 미모에 빠져 사물을, 이웃을 제대로 바라보지 못한 자들의 뒤늦은 후회, 뒤늦은 한숨 소리가요.

생각 한 뼘 더 키우기

1 꽃에 대한 사람들의 상상력을 따라가보는 것은 어떨까요? 꽃에
   대한 새로운 상상력을 이야기로 만들어보는 것도 신나는 일이겠
   네요.

2 꽃에 슬픈 이야기가 그림자처럼 이어지는 이유는 무엇일지 생각
   해보세요.

3 남자가 꽃으로 변한 신화가 적지 않은데도 꽃이 여성이라는 생
   각은 어떻게 만들어진 걸까요?

8장

부족하다는 것은 도전의 원동력

: 아버지의 빈자리를 채워나간 페르세우스

운명, 주의한다고 해서 피해갈 수 있을까

너무나 가혹한 일입니다. 결혼한 지 열흘도 채 되지 않은 오르페우스가 사랑하는 아내를 잃었으니까요. 오르페우스는 음악의 신 아폴론과 현악기 리라의 명수 칼리오페의 아들입니다. 칼리오페는 9명의 무사이, 뮤즈(학문과 예술의 여신)의 막내죠. 그러니 오르페우스의 수금 연주 솜씨가 어떠했을지 상상이 될 겁니다. 부모의 재능을 고스란히 물려받았을 테니까요. 그런데 누가 시기라도 한 걸까요? 그렇지 않다면 누구도 아내의 죽음을 이해하기 어려울 테니까요. 마른하늘에 날벼락이라지만 날벼락도 이런 날벼락은 그리 흔하지 않을 듯합니다.

한가하게 친구들과 꽃을 따며 풀밭을 돌아다니고 있던 에우리디케가 아리스타이오스의 눈에 띈 것이 불행의 시작이었습니다. 마침 이곳에서 꿀벌을 치고 있던 아리스타이오스는 그녀의 아름다운 모습에 반해 말이라도 걸고 싶어 뛰어옵니다. 아리스타이오스는 그녀가 새 신부라는 것을 알 턱이 없습니다. 그러나 결혼한 지 열흘도 되지 않은 신부는 낯선 남자가 갑자기 나타나자 놀라서 달아나기 바쁩니다. "달아나지 마시오. 나는 당신을 해치려는 사람이 아니니 잠시만 멈추고 내 말을 들어보시오." 그러나 에우리디케에게는 이 사내의 말이 귀에 들어오지 않습니다. 허둥지둥 달아나기에 바쁜데 몸보다 마음이 더 급합니다. 그렇지만 이 쫓고 쫓기는 일은 그리 오래가지 않습니다. 달아나던 에우리디케가 뱀을 밟았기 때문입니다. 그녀에게 밟힌 뱀이 에우리디케의 뒤꿈치를 물자 얼마 지나지 않아 그녀는 숨을 거두고 맙니다. 치명적인 독이 점차 몸 안에 퍼지면서 그녀의 영혼도 더 견디지 못하고 그녀의 몸을 빠져나갔거든요. 젊은 신부에게 닥친 불행이 안타깝습니다.

오르페우스는 이런 상황이 도무지 이해되지 않습니다. 그리고 무언가 아주 크게 잘못된 것이라고 생각합니다. 며칠이고 음식도 먹지 않고 슬픔에 빠져 있던 오르페우스가 결심을 합니다. "아내가 저승으로 끌려갔다면 내가 저승에 가서라도 데려오겠다"라고요. "어떻게?" 친구들이 묻자 오르페우스는 자신의 수금을 가리킵니다. 수금 솜씨에 대단한 자부심을 가지고 있군요. 오르페우스는 뱃삯을 내지 않으면 절대 저승으로 가는 배를 태워주지 않는다는 고집쟁이 카론 영감도, 저승의 문을 지키는 머리가 셋인 개 케로베로스, 심지어는 저승을 다스리는 페르세포네와 하데스까지도 자신의 수금 연주로 넋을 잃게 만듭니다. 마침내 오르페우스의 솜씨에 빠져 눈물까지 흘리던 하데스가 말합니다. "네게 은혜를 입었으니 나도 보답을 해야겠다. 네 아내를 데리고 가거라. 단 조건이 하나 있다. 너는 저승을 완전히 벗어날 때까지는 절대 뒤를 돌아보면 안 된다. 네 아내는 네 뒤를 따라갈 것이니 조금이라도 빨리 아내를 보고 싶어 이 조건을 깨뜨리면 그때는 나도 더 이상 자비를 베풀 수 없다. 명심해라."

신에게 감사를 드린 오르페우스가 에우리디케를 데리고 이승으로 돌아옵니다. 결혼한 지 얼마 되지 않아서인지 부부에게 다소 어색한 느낌이 듭니다. 조금은 거리감도 있어 보이고요. 거리를 둔 채 그가 앞에 서고 아내는 조금 뒤에서 남편의 뒤를 따라갑니다. 길이 험해서 아내와 손을 잡은 채 돌아오고 싶지만 우선은 참을 수밖에 없습니다. 오르페우스는 오랜 시간 먼 길을 걸어 이승으로 나왔습니다. 기쁘고도 급한 마음에 드디어 되었다 싶어 오르페우스가 고개를 돌리는 순간, 아뿔싸! 이미 비극은 돌이킬 수 없는 상황. 아내가 몇 걸음만 더 빨리 걸었거나 남편이 아주 조금만 더 참았으면 될 것을. 아내는 아직 저승의 그림자를 벗어나지 못한 상태였으니, 에우리디케는 막 지상으로 한 발을 내딛으려다 말고 무언가에 낚아채이기라도 한 것처럼 한순간 다시 저승으로 떨어지고 맙니다. 그 후, 오르페우스는 그 뛰어난 연주 솜씨와 노력으로도 끝내 아내를 이승으로 데리고 오지 못했죠.

　신이 내세우는 조건은 아무리 하찮아 보여도 절대 어겨서는 안 됩니다. 뒤를 돌아보지 말라는 것도 그런 예죠. 신탁이나 운명도 마찬가지입니다. 신탁이나 운명은 아무리 조심한다고 해도 인간으로서는 결코 피할 수 있는 것이 아닌가 봅니다. 오이디푸스가 자신도 모른 채 운명의 수행자가 되는 것이나 오르페우스가 아내를 저승에서 데리고 나오지 못한 것도 운명이고 그의 장난 탓일 겁니다. 그런데 페르세우스에게는 과연 어떤 신탁이 기다리고 있는 걸까요? 그리고 페르세우스와 그의 외할아버지 아크리시오스는 과연 그들에게 내린 신탁을 피해갈 수 있을까요?

아크리시오스, 신탁을 묻다

　아르고스의 왕 아크리시오스는 두렵습니다. 딸만 둔 탓에 '혹시 나도 아들을 낳을 수 있을까?' 하는 기대를 품고 델포이의 아폴론 신전으로 신탁을 물으러 보냈는데 그 신탁의 내용이 차라리 물어보지 않은 것만도 못하게 되었거든요. "아크리시오스는 아들을 두지 못한다. 그보다 딸을 조심하라. 만약 그대의 딸이 아들을 낳으면 그대는 외손자에게 목숨을 잃고 말 것이다." 이랬으니 이건 뭐 혹 떼러 갔다가 혹을 떼기는커녕 한 개 더 붙인 꼴입니다. 아들을 낳고 싶은 기대는 물거품이 되었는데 걱정거리만 하나 더 늘었으니까요. 딸 단속을 어떻게 한다? 외손자에게 죽기는 싫으니 무언가 조치를 취하지 않으면 안 되게 되었습니다. 어찌할까요?

처음, 잔인하기는 하지만 아크리시오스는 딸을 죽여야겠다고 결심합니다. 그래야 자신이 외손자에게 목숨을 잃는 일이 생기지 않을 것이라며 몇 번이고 마음을 다잡고 있는 상태죠. 그렇지만 사랑하는 딸을 제 손으로 죽인다는 것도 차마 인간이 할 짓은 아니라는 생각에 지고 맙니다. 휴, 한숨을 쉰 아크리시오스는 딸이 남자를 만나지 못하게 철저히 감시하면 될 것 아니냐며 마음을 바꾸어 먹습니다. 그러려면 더 철저해야겠죠. 그는 청동으로 탑을 만들어 딸을 그 안에 가두어버립니다. 그랬더니 다소 안심이 됩니다. 이제는 아무리 딸이 밖으로 나가고 싶어도, 아무리 누구를 만나고 싶어 해도 불가능할 것 같거든요. 물샐틈없는 감시? 적어도 아크리시오스의 생각은 그랬습니다.

청동 탑에서는 하늘만 빠끔히 올려다 보입니다. 다나에는 자신도 모르게 한숨을 쉽니다. 남들은 공주라며 자신을 부러워하겠지만 누가 알겠어요? 청동 탑에 갇혀 유모와 하루하루를 보내야 하는 자신의 불쌍한 처지를요. 오히려 밖에서 마음대로 뛰어노는 또래의 여자애들이 부럽습니다. 저들은 만나고 싶은 사람이 있으면 얼마든지 만나기도 하고, 잘하면 애인과 밤새도록 사랑을 나누며 시간을 보낼 수도 있을 거거든요.

물샐틈없다고, 그만큼 완벽하다고 해서 늘 결과까지 완벽한 것은 아니던가요? 어느 날 제우스가 청동 탑을 내려다봅니다. 그런데 그 안에 갇혀 한숨을 쉬고 있는 다나에를 보는 순간 심장이 마구 뜁니다. 다스릴 수 없는 그의 바람기가 또다시 발동한 걸까요? "저렇게 예쁜 여자가 있었다니?" 그러나 접근하기가 쉽지 않아 보입니다. 그 여자가 밖으로 나올 수 없게 되어 있으니까요. 그러나 그렇다고 해서 방법이 아주 없겠어요? 제우스는 변신의 귀재답게 황금비로 변해 그녀와 사랑을 나눕니다. 구스타프 클림트가 그린 〈다나에〉를 보면, 다나에가 제우스와 사랑을 나누며 행복해하는 모습을 엿볼 수 있죠.

탑에서 나온 적도 없는 다나에의 배가 불러오자 아크리시오스는 기가 막힙니다. 역시 지키는 사람 열 명이 도둑 한 놈 못 막는다는 말이 거짓이 아니었군요. 아크리시오스가 딸에게 묻습니다. "도대체 아이 아버지가 누구냐?" 변명해보았자 소용없다고 생각한 다나에가 아버지에게 사실대로 이야기합니다. "아이 아버지는 제우스 신이십니다." 이게 무슨 얼토당토않은 말인가 싶지만 믿지 않을 수도 없습니다. 제우스가 아니라면 대체 누가 이런 짓을 할 수 있겠어요? 아크리시오스가 한숨을 쉽니다. "설마 청동 탑에 갇힌 딸이 제우스의 씨앗을 잉태할 줄이야."

딸이 건장한 사내아이를 낳자 아크리시오스도 더 이상 외손자의 손에 죽기만을 기다리고 있을 수는 없다고 생각합니다. 그리고 이런 상황에서는 더 이상 인정을 두면 안 된다고 마음을 단단히 먹는 중입니다. 인정 때문에 딸을 죽이지 못한 것이 이 지경에까지 이른 것이니까요. 그래서 아크리시오스는 딸과 외손자를 상자에 넣어 바다에 띄워버립니다. 아주 모질게 마음을 먹었군요. 이제 이들은 죽은 것이나 마찬가지입니다. 이런 상황에서 살아난다면 그야말로 기적이거나 하나님의 보살핌이 있거나 어느 신이 줄곧 따라다니며 지켜주기라도 한다는 뜻이겠죠. 딸과 외손자를 버린 죄를 변명하듯 아크리시오스가 중얼거립니다. "외손자에게 죽을 수는 없다. 그러니……."

그러나 이는 어리석은 생각입니다. 그가 진짜 제우스의 자식이라면 최고의 신이 자기 자식을 그렇게 죽도록 내버려두지는 않을 테니까요. 바다에 버려진 상자는 세리포스 섬에 무사히 표착합니다. 세리포스 섬의 왕 폴리덱테스가 이들을 보호해주죠. 다나에의 아들 페르세우스가 귀여워서가 아니라 아이의 어머니 다나에의 미모에 반했기 때문입니다. 그는 다나에의 마음을 얻고 싶어 합니다. 그러나 페르세우스가 자라 청년이 되자 이제는 그가 방해물일 뿐이라는 생각을 하게 됩니다. 방법을 찾던 폴리덱테스. 궁하면 통한다고 했던가요? 때마침 잔치가 벌어지고 있었습니다. 이 자리에서 남에게 지기 싫어하고 뜨거운 피를 주체하지 못하는 페르세우스는 남들이 자신을 추어주자 우쭐해서 그랬는지, 그동안 무시당한 것에 대한 반발심 때문이었는지는 몰라도 이렇게 거드럭거리며 허풍을 떱니다. "까짓것, 제우스 신의 아들인 내가 메두사의 목인들 못 가져오겠어?" 얼씨구! 속으로 신이 난 그가 페르세우스에게 과제를 내립니다. "그대가 그토록 뛰어나다면, 그대가 정말로 제우스 신의 아들이라면, 자네 말대로 어디 메두사의 목을 가져와보게." 말은 정중하지만 이건 '나가 죽으라'는 말과도 다르지 않습니다.

페르세우스, 메두사의 목을 베다

메두사는 고르곤(끔찍한 것들 혹은 크게 소리 지르는 자라는 뜻) 세 자매 중 막내입니다. 언니들은 불사의 신인데 자신만은 불사의 존재가 아니죠. 고르곤은 바다의 신인 포르키스가 누이 케토 사이에서 낳은 딸들인데 첫째는 스테노, 둘째는 에우리알레입니다. 스테노는 '힘', 에우리알레는 '멀리 날다'라는 뜻이고 막내인 메두사는 '여왕'이라는 말입니다.

어느 날, 아름다운 여인 메두사가 포세이돈과 사랑을 나누게 됩니다. 그게 뭐 어때서? 이들이 사랑을 나누는 것은 문제가 되지 않죠. 하지만 그 장소가 아테나 신전이었다는 것은 충분히 문제가 되고도 남습니다. 아테나와 포세이돈이 앙숙이라는 건 잘 아시죠? 그러니 아테나가 더 발끈했겠죠. "이것들이 감히 신성한 내 신전을 더럽혀?" 포세이돈은 얼굴 한 번 붉히고 빠져나가면 그만이겠지만 메

두사까지 무사할 리가 없습니다. 아테나의 벌로 메두사의 머리카락은 모두 뱀으로 변했고, 무서운 이빨에 쉿소리까지 내는 괴물이 되고 말았습니다. 그녀가 얼마나 무섭게 변했던지 이때부터 메두사의 모습을 직접 본 사람은 누구나 돌이 되고 말았다죠.

　아버지가 제우스 신이라고 해도 페르세우스는 인간입니다. 그도 앞뒤 가리지 않고 날뛰다가는 무슨 일을 당할지 모릅니다. 그래서 아버지 제우스의 지시를 받은 아테나와 헤르메스가 걷어붙이고 페르세우스를 도와줍니다. 곧 하늘을 나는 가죽신, 몸을 숨길 수 있는 마법 모자, 그리고 베어지지 않는 것이 없는 칼 하르페, 방패가 그가 얻은 무기들입니다. 페르세우스도 직접 메두사를 보았다가는 돌이 되고 맙니다. 그래서 그는 아테나 여신에게 빌린 아이기스 방패를 파리도 미끄러질 만큼 반짝반짝 닦아 메두사에게 접근합니다. 그리하여 방패로 앞을 가리고 메두사에게 접근한 그는 단번에 그녀의 목을 치고 재빨리 그 머리를 자루에 넣고는 냉큼 자리를 떠납니다. 사실은 페르세우스도 잔뜩 겁이 나 오줌이라도 지릴 지경이었거든요. 그리고 이때, 목이 잘린 메두사의 몸에서 태어난 것이 바로 천마 페가수스와 영웅 벨레로폰이라는 건 이미 알고 계시죠?

　메두사를 처치하고 돌아오던 페르세우스가 바위에 묶인 여인 안드로메다를 발견합니다. 안드로메다는 에디오피아의 왕 케페우스와 왕비 카시오페이아의 딸인데, 어머니 카시오페이아가 입을 잘못 놀린 것이 화를 부르는 주문이 되고 맙니다. "아무리 포세이돈의 딸 네레우스가 아름답다고 해도 우리 딸 안드로메다에 비하겠어?" 딸이야 얼마든지 예쁘다고 해도 되겠지만 그렇다고 해서 겁도 없이 신과 견주어야겠어요? 네레우스들이 포세이돈에게 일러바치자 골이 난 포세이돈이 무시무시한 괴물을 보내 이 나라를 마구 짓밟게 합니다. 왕은 이를 해결하기 위해 신탁을 묻는데 그 대답이 기막힙니다. "딸 안드로메다를 바다 끝에 있는 바위에 묶어두어라. 괴물의 먹이로 딸을 바치면 재앙이 물러가리라." 그밖에는 방법이 없으니 부모도 딸을 바위에 묶어두라 명할 수밖에 없습니다. 안드로메다, 아주 절망적인 상황이군요.

누구에게는 절망적인 일이 남에게는 더 없이 좋은 기회일 때도 있는 모양입니다. 안드로메다를 본 페르세우스가 바로 그런 경우군요. 그녀의 아름다움에 반한 페르세우스가 나섭니다. "제가 괴물로부터 딸을 구해드릴 테니 따님이 저와 결혼할 수 있게 허락해주십시오." 딸을 줄 테니 내 딸을 구해달라고 광고라도 할 판에 페르세우스의 청을 거절할 부모는 없습니다. 안드로메다가 왕의 동생, 그러니까 삼촌 피네우스와 약혼한 사이이기는 하지만 이제는 그 약혼도 아무런 의미가 없게 된 것이니까요. 결혼 승낙을 받은 페르세우스는 메두사의 머리를 이용해 괴물을 물리치고 안드로메다를 구해냅니다.

약속한 대로 궁전에서는 페르세우스와 안드로메다의 결혼식이 펼쳐집니다. 그런데 난데없이 피네우스가 쳐들어옵니다. "안드로메다는 내 약혼자다. 내 약혼자가 나를 두고 누구와 결혼식을 한다는 말인가?" 남 주게 된 것이 배 아픈 피네우스가 억지를 부립니다. 케페우스가 꾸짖습니다. "너의 말은 안드로메다가 괴물의 먹이가 될 뻔했을 때 이미 무효가 되었다. 괴물로부터 안드로메다를 구하겠다고 나서지 않고 꽁무니를 뺐을 때, 너는 이미 안드로메다의 약혼자임을 포기한 것이다. 그런데 이렇게 억지를 부리다니!" 결혼식장이 전쟁터가 되자 페르세우스가 소리칩니다. "이 결혼에 찬성하는 분들은 모두 고개를 숙이고 눈을 감으시오. 그러나 이 결혼이 잘못이라고 생각하는 자들은 고개를 들어 나를 보라." "흥, 무슨 짓을 하려고?" 피네우스가 고개를 든 순간 그는 그 자리에서 돌이 되고 맙니다. 페르세우스가 자루에서 메두사의 목을 꺼내 그들에게 보였으니까요. 피네우스를 따르던 자, 안드로메다와 페르세우스 편이었지만 호기심을 이기지 못하고 고개를 들었던 자, 누구의 편도 아니건만 그저 고개를 들고 일이 돌아가는 상황을 알고 싶어 하던 자들도 함께 돌이 되었습니다. 싸움도 그것으로 끝나고 말았죠.

페르세우스는 아내와 행복하게 지냅니다. 아들 페르세스도 태어나죠. 한동안 행복에 잠겨 있던 그였지만 시간이 흐르자 슬그머니 어머니가 걱정되기 시작합니다. "잘 계시기나 할까? 무슨 일이 생긴 건 아니겠지?" 아내에게 말합니다. "어머니가 계신 세리포스로 갑시다."

안드로메다를 데리고 세리포스로 돌아오던 중 아틀라스를 만났습니다. 아틀라스는 제우스에게 대들었다가 지구를 들고 있어야 하는 벌을 받고 있는 중입니다. 그러나 아무리 힘이 대단한 아틀라스라도 계속해서 지구를 떠받친다는 것은 힘겨웠던 모양입니다. 아틀라스가 숨을 거칠게 토하며 페르세우스에게 도움을 청합니다. "나를 어떻게 이 고통에서 풀어줄 수 없겠나? 견디기가 점점 더 힘드네." "그렇지만 아저씨 말고 누가 이 무거운 지구를 들고 있겠어요? 고통스러우시다면 이렇게 하는 건 어떨까요?" 페르세우스가 메두사의 머리를 다시 꺼내자 이를 본 아틀라스도 거대한 바위산이 되고 맙니다. 바위가 되었으니 이제 아틀라스는 더 이상 고통의 신음 소리를 내지 않아도 되겠군요. 우리는 지금도 지구를 들고 있는 아틀라스를 기념해 그의 발 앞에 펼쳐져 있는 바다를 아틀란틱 오션, 즉 대서양이라 부르죠.

페르세우스가 세리포스로 돌아오지만 폴리덱테스 왕은 그의 말을 믿지 않습니다. 믿기는커녕 어이가 없습니다. "이 무슨 허풍이냐? 너 따위가 어떻게 메두사의 목을 베어올 수 있지? 가까이 가기도 전에 돌이 되고 말았을 텐데. 괜히 빈손으로 돌아와서 할 말이 없으니 메두사를 죽였다고 큰소리나 치는 거겠지. 증거도 없을 테니 누가 알겠어?" 사람들도 대부분 그렇게 생각하고 크게 웃습니다. "이 청년 혹시 머리가 어떻게 된 거 아냐?"

묵묵히 듣고 있던 페르세우스가 자루를 쳐듭니다. 그의 어머니 다나에는 폴리덱테스의 박해를 피해 제단으로 피신해 있으니 다행입니다. 상자에 실린 채 세리포스에 떠밀려 온 다나에 모자를 처음 발견하여 도움을 주었던, 왕의 동생인 어부 딕티스의 도움으로 어머니가 지금까지 무사하다니 형에게는 복수를, 아우에게는 보상을 해야겠군요. 페르세우스가 소리칩니다. "내 말을 믿지 않는 자는 이 메두사의 머리를 보라." 그 자리에 있던 사람들은 모두 돌로 변하고 맙니다. 폴리덱테스도 돌이 되었죠. 비록 죽었어도 메두사의 위력은 조금도 줄어들지 않았군요. 페르세우스는 딕티스를 세리포스의 왕으로 세워 그동안 어머니를 보살펴준 은혜를 갚습니다.

아테나 여신이 보고 있으려니 페르세우스가 하는 짓이 좀 위험해 보입니다. 위험한 장난감을 가지고 노는 아이를 보는 기분이 든 거죠. 페르세우스가 기회가 날 때마다 메두사의 머리를 꺼낸다면 인간은 물론이고 신마저 돌로 변하지 않는다고 보장할 수 없을 테니까요. 아테나 여신은 이제 무기를 돌려받을 때가 되었다고 생각합니다. 날개 달린 가죽신과 마법 모자, 금강검 하르페는 헤르메스에게, 번쩍번쩍 빛나는 방패는 나에게! 아테나는 메두사의 머리를 자

신의 방패에 붙입니다. 이 방패 아이기스는 지금도 위력을 발휘하고 있습니다. 웬만한 나라의 모든 전투력보다 더 막강한 무기 체계를 갖추고 있다는 군함을 이지스라고 하는데, 이지스는 바로 아테나 여신의 방패인 아이기스에서 나온 말이니까요.

신탁을 완성하다

페르세우스가 어머니 다나에를 모시고 안드로메다와 아르고스로 돌아왔지만 이미 외할아버지 아크리시오스는 보이지 않습니다. 외손자 페르세우스가 돌아온다는 소식을 듣고 신탁을 피하고자 재빨리 테살리아로 피신했거든요. 마침 테살리아의 라리사에서는 경기가 펼쳐지고 있었습니다. 테살리아의 왕 테우다미데스가 세상을 떠난 아버지를 위한 장례 경기를 열고 있었거든요. 그런데 외할아버지의 행방을 찾던 페르세우스가 이곳에 들렀으니 영웅이 경기를 외면할 수 있나요? 페르세우스도 자청해서 원반던지기에 참가합니다. 신탁이 이루어지느라 그랬겠죠.

마침 아크리시오스가 관중석에서 구경을 하고 있었습니다. 페르세우스가 힘차게 원반을 던집니다. 그런데 너무 힘이 들어간 걸까요? 그가 힘껏 던진 원반이 엉뚱하게도 관중석으로 날아갑니다. 그리고 공교롭게 원반은 아크리시오스의 이마를 정확히 맞추고 맙니다. 아크리시오스는 이렇게 신탁의 희생자가 되어 그토록 피하고 싶던 신탁을 완성하고 마는군요. 페르세우스도 이 사실을 알고 통곡합니다. 그도 영웅이기는 하지만 신은 아닙니다. 신이 아니니 신탁을 거스를 수도 없습니다. 인간은 그저 신의 피조물, 신의 도구에 불과하니까요.

아르고스로 돌아왔지만 페르세우스는 이곳에 정이 들지 않습니다. 외할아버지에 의해 어머니와 함께 조각배에 실려 쫓겨난 것도 그렇고, 결국은 외할아버지를 죽인 살인자가 된 것도 억울합니다. 하지만 누구에게 하소연할 수도 없습니다. 운명이었으니까요. 하지만 정이 들지 않으니 이곳을 떠나고만 싶어집니다. 마침내 페르세우스는 아르고스 땅을 티린스와 물물교환(?)해서 티린스의 왕이 됩니다.

운명에는 그럴 만한 원인이 있다

페르세우스가 저지른 잘못은 없습니다. 굳이 잘못이라면 그가 태어난 것을 잘못이라고 해야겠지만 태어난 것, 그 자체가 죄일 수는 없죠. 그는 메두사의 목을 베었고 어머니를 괴롭힌 폴리덱테스를 돌로 만들었습니다. 일을 이룬 뒤에는 무기도 돌려주었죠. 칼로 두부를 자르듯 일이 아주 깨끗하지 않은가요?

그러나 그도 신탁, 운명에서는 자유롭지 못했습니다. 자유롭지 않은 것이 아니라 신탁의 충실한 수행자가 되어 외할아버지를 죽이고 말았습니다. 그럴 생각이 전혀 없었는데 말입니다. 자신과 어머니에게 가혹했던 자에게 복수했다고 위로를 삼으면 될까요? 그래도 역시 억지스럽기는 마찬가지군요.

굳이 이런 운명의 실타래라도 잡으려면 훨씬 더 그의 조상들에게로 이야기가 올라가야 합니다. 포세이돈의 아들 벨로스에게서 아이깁토스와 다나오스 쌍둥이 형제가 태어납니다. 그러나 이 쌍둥이 형제는 어머니 배 속에서부터 서로 상대를 이기려고 다툽니다. 자궁에서조차 등을 맞대고 있었을 뿐 아니라 서로 빨리 태어나려고 다투기도 하거든요. 할 수 없이 제왕절개로 형제가 태어나는데 어머니는 자궁 절개 때문에 세상을 떠납니다. 그뿐만이 아닙니다. 그들은 어려서는 서로 더 좋은 방을 차지하겠다며 싸웠고 자라서는 거처를 좌우로 떼어놓았건만 밤마다 시장에서 만나 싸움을 벌였습니다. 결국 벨로스는 나라를 갈라 아이깁토스에게는 이집트를, 다나오스에게는 리비아를 다스리게 합니다. 이집트라는 나라의 이름은 바로 아이깁토스의 이름에서 유래한 것입니다. 다나오스에게는 50명이나 되는 딸이 있었습니다. 그러자 형 아이깁토스가 아들 50명을 보내 결혼을 강요합니다. 아들들이 다나오스의 딸들과 결혼을 하면 합법적으로 동생의 모든 재산과 영토를 차지할 수 있거든요. 딸은 풍년인데 대를 이을 아들은 한 명도 없는 다나오스가 어찌할까요? 다나오스는 아테나 여신의 지시대로 리비아를 탈출합니다.

리비아를 벗어난 다나오스는 백성들과 함께 지중해의 로도스 섬에 도착합니다. 거기서 그들은 그들의 탈출을 도와준 아테나 여신을 위해 신전을 짓죠. 그러나 이 섬에 오래 머무를 수는 없습니다. 섬이 너무 작거든요. 그들은 다시 로도스를 떠나 마침내 펠레폰네소스 반도, 그리스의 동쪽 끝 아르고스에 도착합니다. 다나오스는 아테나 여신의 보호를 받으며 자신이 아르고스의 왕임을 선포합니다. 그런데 아르고스에는 물이 부족합니다. 사실 물이 부족한 것은 아르고스뿐만이 아니라 그리스 전체가 다 마찬가지입니다. 그러니 물 부족 국가인 그리스에서 구름을 몰고 다니며 천둥과 벼락을 치는 제우스가 최고의 신이 되고, 바다의 신 포세이돈이 그다음 자리를 차지하게 된 것이 어찌 보면 아주 당연하다는 생각이 들기도 합니다.

신화에서는 이 아르고스를 두고 헤라와 포세이돈이 소유권을 주장했을 때 아르고스의 왕이었던 이나코스가 헤라의 손을 들어준 것이 그 원인이라고 주장하기도 합니다. 화가 난 포세이돈이 아르고스의 물길을 막아버리면서 아르고스도 물이 귀하게 되었다고 하거든요. 이곳을 흐르는 이나코스 강도 마르게 되고요. 다나오스가 물을 찾으라고 명하자 딸들이 흩어져 물길을 찾아 나섭니다. 물을 찾는 중에 다나오스의 막내딸 아미모네를 만나 사랑을 나눈 포세이돈이 그녀의 소원을 들어줍니다. 삼지창으로 샘을 파서는 그 물길이 아르고스로 흘러가게 해주었거든요. 병 주고 약 준 것이 아니라 물을 빼앗았다가 도로 준 포세이돈이군요. 지금도 마르지 않는 샘으로도 유명한 이 아미모네의 샘물은 레르나 강을 이루어 흐르다가 아르고스 지방을 적시고 에게 해로 흘러들어 갑니다.

달아난 다나오스가 아르고스에 정착해서 잘 살고 있다는 소식을 들은 아이깁토스는 다시 아들들을 아르고스로 보내 양가의 결혼을 강요합니다. 물론 그들은 첫날밤에 아내를 죽이고 그 나라의 모든 것을 빼앗을 속셈이었죠. 다나오스가 이들의 청혼을 거절하자 그들은 성을 포위해버립니다. 버틴다고 버텼지만 마침내 식량이 떨어지자 다나오스도 손을 들 수밖에 없습니다. 결국 이 50쌍의 합동결혼식이 아르고스의 궁전에서 열립니다. 아이깁토스의 아들들은 승리감에 취해서 벌써부터 이 나라의 주인이라도 된 양 멋대로 행동합니다. 그러나 다나오스는 어떻게 해서든 이 상황을 바꾸고 싶어 합니다. 그래서 딸들에게 장식용 머리핀으로 남편을 살해하라며 지시를 내립니다. "오늘밤에 반드시 남편을 죽여라. 이 나라를 지키려면 어쩔 수가 없으니." 그날 밤, 아이깁토스의 아들들은 아내들에게 목숨을 잃습니다.

그러나 다나오스의 딸 중 맏이인 린케우스는 차마 남편을 죽이지 못했습니다. 원수인 줄 모를 때부터 이들은 이미 서로 사랑하는 사이가 되어 있었거든요. 남편도 첫날밤에 린케우스의 정조를 짓밟지 않습니다. 계획대로라면 그도 그날 밤에 아내를 장난감 가지고 놀 듯 마음껏 희롱하다가 죽여야 하지만 차마 그럴 수가 없습니다. 그 덕에 린케우스의 남편 히페름네스트라는 아내의 도움을 받아 아르고스를 탈출하죠. 그 후 다나오스의 딸들은 다시 재혼을 하는데, 이때 린케우스는 히페름네스트라와 재회합니다. 이들, 다나오스의 딸들이 낳은 자식들을 다나안 또는 다나이드라 부르는데, 이는 아르고스 사람들을 가리키는 말입니다. 그러나 넓게는 펠로폰네소스 사람들, 더 나아가 그리스 사람 전체를 가리키기도 하죠. 히페름네스트라는 훗날 다나오스를 죽입니다. 아이깁토스도 자식들의 참극 소식을 듣고 달아났다가 파트라이에서 죽음을 당하고 말죠.

다나오스의 딸들은 지금도 명부(저승)에서 밑 빠진 독에 물을 채우는 벌을 받고 있답니다. 아르고스 재판관들은 무죄를 선언했는데 (이는 아프로디테의 덕분이었습니다), 저승에서는 일사부재리(한번 판결한 것은 또다시 심리하지 못한다는 뜻)의 원칙도 통하지 않는 걸까요? 그녀들은 긴 머리카락을 적셔 독에 물을 붓지만 밑을 받쳐줄 두꺼비도 없으니 아무리 열심히 물을 길어도 깨진 독을 채울 수는 없습니다. 한마디로 영원한 벌을 받게 된 거죠. 무기 노동이라고나 할까요? 어찌 보면 아내가 첫날밤에 남편을 살해했으니 그 정도야 당연한 벌이라 하겠지만 나름대로는 자신의 나라와 재산을 지키기 위한 최상의 저항 방식이었다는 것을 생각한다면 지나친 벌이라는 생각도 드는군요. 명부의 재판에서는 아프로디테의 영향이 미치지 못한 탓인지도 모르지만 더 근본적인 원인은 아직 여성 인권에 대한 의식이 그만큼 낮은 시대였기 때문일 겁니다. 신화시대에 남녀평등이란 아직 '너무 먼 나라 이야기'일 테니까요.

아크리시오스는 아버지 아바스가 죽자 형과 왕위 다툼을 벌입니다. 이 싸움에서 형 프로이토스는 추방되고 말죠. 그러나 그렇다고 해서 아크리시오스에게 이런 신탁이 내린다는 것도 수긍하기 어렵습니다. 오히려 이런 비극은 아들을 갖고 싶은 단순한 욕망 때문에 발생했다고 보아야 합니다. 만약 아크리시오스가 신탁을 궁금해하지 않았다면 미리 딸을 청동 탑에 가두거나 딸과 외손자 페르세우스를 상자에 담아 바다에 버리는 악행을 저지르지는 않았을 거거든요.

아들을 두고 싶다는 것, 어찌 보면 너무나 당연한 바람 때문에 신탁을 알아보려 한 것이 이렇게 비극으로 이어지는 것을 보면 앞날을 내다본다는 것, 장차 무슨 일이 일어날지를 미리 안다는 것도 반드시 복은 아닌 듯합니다. 뭐니 뭐니 해도 아는 것이 힘이라고요? 하지만 아는 것이 병이라는 말도 있지 않나요? 대예언가로 이름을 떨친 테이레시아스나 아폴론의 사랑을 받아 미래를 보는 눈을 가졌다는 시빌레, 아가멤논의 연인 카산드라가 과연 행복했을까요? 그들의 삶은 그리 행복해 보이지 않습니다. 행복하기는커녕 시빌레처럼 죽고 싶어도 죽을 수 없는 신세가 되거나 카산드라 공주처럼 포로로 끌려가 첫날밤에 살해될 것을 빤히 알면서도 이를 피하지 못했으니까요. 그러니 닥치지도 않은 미래를 알고 싶다며 너무 초조해할 필요도 없을 듯합니다. 미래를 안다는 것도 행복의 무게를 늘려주는 데에는 그다지 큰 효과가 없을 테니까요.

생각 한 뼘 더 키우기

1 홀어머니에게서 태어난 페르세우스가 영웅이 됩니다. 아버지가
  없다는 것이 페르세우스에게는 어떻게 작용한 걸까요? 부족하
  다는 것의 긍정적 역할을 생각해보는 건 어떨까요?

2 대단한 능력을 가진 신이나 영웅이 오히려 더 불행해지는 경우
  도 많습니다. 인간도 마찬가지고요. 그 이유를 생각해보세요.

3 이 신화에서도 여성들은 능동적으로 운명을 헤쳐 나가는 모습을
  보기 어렵습니다. 다나에와 안드로메다에게서는 어떤 적극적 자
  세를 찾을 수 있을까요?

9장

아버지를 찾는 것은 나를 찾는 일

: 테세우스의 여정

내 아버지는 누구일까

"어머니, 저는 왜 아버지가 없나요?" 열여섯 살이 된 아들의 물음을 들으면서 어머니는 이제 아들과 헤어져야 할 때가 왔음을 직감하고 가볍게 한숨을 쉽니다. 그러나 지금까지 이런 날이 오기만을 손꼽아 기다린 것도 사실이니 한편으로는 서운하면서도 또 한편으로는 부쩍 자란 아들이 반갑고 대견하기까지 합니다. "이 어미를 따라오너라. 네가 아버지를 찾아갈 때가 되었는지 보자." 어머니는 아들 테세우스를 큰 섬돌 앞으로 데리고 갑니다.

섬돌은 마당에서 마루로 올라갈 때 신을 벗어놓는 커다란 돌을 가리킵니다. 크고 무거워서 보통 어른들도 혼자서는 옮기기는커녕 모서리조차 들어올리기도 어렵죠. 그런데 어머니의 명령은 아주 단호하군요. "이 섬돌을 네 힘으로 들어보아라." 그러자 아들은 그 크고 무거운 섬돌을 가볍게 들어 올립니다. 어린아이인 줄만 알았던 아들이 어느새 장성해 용사가 되어 있었군요. 테세우스는 섬돌 밑에 오랫동안 눌려 있던 아버지의 신표인 칼과 신발 한 짝을 발견합니다. 마치 홀어머니 밑에서 자란 고구려 유리왕이 아버지 주몽을 찾아갈 때의 모습을 보는 것 같지 않으세요?

유리는 "일곱 모난 소나무 밑, 일곱 모난 돌 사이에 있는 신표를 찾아오라"는 말을 듣고 온 산을 헤매다가 신표는 찾지도 못한 채 지쳐 집으로 돌아옵니다. "대체 일곱 모난 소나무, 일곱 모난 돌이 어디 있어?" 그렇게 절망감에 빠진 유리가 멍하니 빗소리를 들으면서 마루 끝을 바라보다 말고 소리를 지르죠. "야호!" 썩은 기둥 밑 부분에서 부러진 칼을 찾아낸 유리는 어머니가 서운해하거나 말거나 아버지를 만나러 달려갑니다. 그러고는 그가 찾아낸 작은 칼과 함께 재능을 보임으로써 유리는 왕인 아버지 주몽의 아들임을 당당히 증명하죠. 테세우스도 신표를 손에 넣었으니 이제 아버지를 찾아 떠나겠군요. 홀어머니와 함께 외할아버지 곁에서 자라던 테세우스도 드디어 세상으로 나아가게 됩니다.

대견한 마음으로 아들 테세우스를 바라보던 어머니 아이트라가 이렇게 말합니다. "네 아버지는 아테네의 아이게우스 왕이시다. 아버지는 네가 이 섬돌을 스스로 들 만큼 자라게 되면 신표와 함께 너를 보내라고 이 어미에게 당부하셨단다. 이제 그때가 온 것 같구나.

여기서 아테네까지 가는 길은 멀고 위험한 일도 많으니 조심해야 한다. 특히 육지는 아주 위험하니 좀 더 안전한 바닷길로 가거라."

그러나 테세우스가 고개를 젓습니다. "아닙니다, 어머니. 저는 훌륭한 아버지의 훌륭한 아들임을 증명하고 싶습니다. 제가 바닷길을 택하는 것은 훌륭한 아버지를 두었다는 뜻은 될 수 있겠지만 제가 그분의 훌륭한 아들이라는 것을 증명하지는 못할 것 같아요. 저는 이번 여정에서 제가 그분의 훌륭한 아들임을 증명해 보일 생각입니다. 그러니 육지가 더 어렵고 위험하다면 제가 기꺼이 더 위험하다는 육지로 가는 길을 택하는 게 맞겠죠. 제가 자랑스러운 아들이라면 그런 정도의 위험은 당연히 이겨내야 하지 않겠어요?" 아들의 대답이 걱정되기는 하지만 위험을 두려워하지 않는 태도에 흐뭇한 마음도 일어납니다. "그래, 그 정도는 되어야 네 아버지의 아들이라고 할 수 있지."

트로이젠에서 아버지가 왕으로 있는 아테네까지 가는 길은 멀고도 험합니다. 각종 괴물과 귀신, 도둑과 강도가 들끓고 있다고 하거든요. 그래서 사람들은 대부분 육지가 아니라 바닷길을 택했습니다. 바닷길이라고 해서 결코 안전하기만 한 것은 아니겠지만 그래도 바닷길이 육지보다는 훨씬 덜 위험하다고 믿으니까요. 그런데 아들은 굳이 쉬운 길을 마다하고 더 어려운 길을 가겠다는군요.

훌륭한 아들임을 증명하다

아니나 달라요? 길을 떠난 지 얼마 되지도 않았는데 거인 프로크루스테스가 길을 막고 있다는 게 아니겠어요? 프로크루스테스는 지나가는 사람을 붙잡아 자신의 침대에 눕히고 그 사람의 키가 침대의 길이보다 작으면 늘려서 죽이고 더 길면 잘라서 죽였답니다. 그래서 할 수 없이 이 길을 가야 하는 사람들은 누구나 그를 만나지 않기를 빌었답니다. 만나면 죽음을 면하지 못할 테니까요. 하지만 테세우스가 그를 만났을 때 죽음을 맞이한 것은 테세우스가 아니라 프로크루스테스 자신이었습니다. 다만 남을 죽이던 방식 그대로 자신도 죽었으니 그리 억울하지는 않았을 것 같네요. 그간 자신이 죽인 사람들의 고통이나 두려움이 어떠했을지 어느 정도는 알 수 있었을 테니까요.

지금도 사람들은 자신의 생각만을 기준으로 옳고 그름을 판단하는 것을 이 작자의 이름을 따서 '프로크루스테스의 침대'라 부르곤 하죠. 이런 사람은 항상 자신의 생각만이 옳다고 생각하고 남의 의견을 무시하며 모든 사람이 자신의 뜻대로 행동하기를 바라는 못된

버릇이 있습니다. 이렇게 독재자나 폭군, 프로크루스테스처럼 자신의 생각, 자신의 침대만이 절대적 기준이라고 생각하는 사람은 모두가 함께 사는 사회에서는 아주 위험한 사고방식의 소유자입니다. 적응하기도 어려울 거고요.

시니스라는 놈도 악명이 아주 높군요. 소나무를 구부리는 자라는 뜻을 가진 시니스는 두 그루의 소나무를 묶어두었다가 나그네를 잡으면 두 다리를 두 나무에 각각 매고는 사람의 몸을 찢어 죽이는 이상한 취미를 가지고 있었대요. 사람을 그렇게 죽이는 것이 취미가 될 수 있나요? 하지만 테세우스를 만나자 이 녀석도 자신의 취미대로 죽음을 당하게 됩니다. 그런데도 이들은 자신의 잘못을 반성하기는커녕 테세우스만을 비난했다죠? 그렇거나 말거나 프로크루스테스와 시니스를 처치하면서 테세우스의 용맹함을 알리는 소문은 천마보다도 빠른 속도로 달려 테세우스보다 훨씬 먼저 아테네에 도착합니다.

어쩔 수 없는 일이었지만 테세우스는 아테네에 도착할 때까지 많은 살생을 저질렀습니다. 그래서 죄를 씻기 위해 여장을 하고 아테네에 나타납니다. 당시 죄를 지은 사람은 자신이 죄인임을 드러내기 위해 여장을 하고 두건으로 머리를 가렸답니다. 그러자 사람들이 테세우스를 놀리는군요. "웬 여자가 혼자서 도성에 나타났나?" 어찌 보면 테세우스가 부럽기도 합니다. 열여섯 살 먹은 젊은 청년이 여자로 보일 만큼이나 아주 잘생겼다는 뜻이니까요.

드디어 테세우스가 아버지 아이게우스를 만났습니다. 그러나 왕은 아직 이 청년이 자신의 아들임을 모르는군요. "나라의 근심이던 괴물들을 물리쳐주어서 고맙소. 그런데 청년은 어떻게 아테네로 오게 되었소?" "예, 자랑스러운 아버지의 자랑스러운 아들이 아버지를 뵈러 아테네에 왔습니다. 아버지께서 이곳에 계시다고 해서요. 아버지께서 남겨놓은 신표도 여기 있습니다." 그는 한 짝밖에 없는 신발을 신은 채 아버지의 유품인 칼로 고기를 썰며 대답합니다. 그런데 황금 모피를 가지러 아르고 호를 타고 그리스의 용사들이 출정했을 때 대장 이아손에게 반했던 메데이아가 지금은 이아손을 떠나 아버지의 새어머니가 되어 있습니다. 포도주와 고기는 그를 해하려는 메데이아가 내놓은 음식이니 위험하겠군요. 술잔에는 독이 들어 있었거든요.

아이게우스가 테세우스의 말을 들으며 살펴보니 저것은 바로 자신이 트로이젠에서 아이트라 공주에게 당부하며 섬돌 밑에 놓아두었던 신표가 분명합니다. 아이게우스가 황급히 외칩니다. "그 술잔을 버려라." 테세우스를 죽이려던 계획이 들통나자 메데이아는 아들 메도스를 데리고 달아납니다. 자랑스러운 아버지의 자랑스러운 아들임을 증명한 테세우스는 정식 후계자가 되어 권력을 빼앗길까 두려워 반란을 일으킨 자들마저 가볍게 처단하고 나라를 튼튼히 합니다. 아테네가 그리스의 위대한 도시로 번성하기 시작한 것은 바로 테세우스 때부터거든요.

인질을 자청하다

그러나 아직도 아테네는 크레타의 미노스 왕에게 조공을 바치는 처지입니다. 조공이란 약한 나라가 크고 힘이 센 나라에 바치는 예물을 말하는데, 진귀한 보석이나 귀중품, 특산품을 바치는 것이 일반적입니다. 그런데 크레타에 바치는 조공이라는 것이 끔찍하군요. 살아 있는 남녀 7명씩을 해마다 인질로 내어주는 것이었으니까요. 이들은 미궁에 갇혀 있는 미노스타우로스의 먹이로 던져질 운명입니다.

이때 테세우스가 자원합니다. "제가 저 인질들 속에 끼어 있다가 그 괴물을 처치하고 돌아오겠습니다." 용기는 가상하지만 아버지는 모처럼 찾은 아들을 잃을까 걱정이 앞섭니다. "지금까지 어떤 용사도 그 괴물을 처치하지 못했다. 또한 처치한다고 해도 인간은 도저히 그 복잡한 미궁을 빠져나올 수 없단다. 그러니……." 아이게우스가 거듭해서 만류하지만 아들의 굳은 결심을 꺾을 수는 없습니다. "그러니 제가 가야겠습니다. 괴물로부터 우리 백성을 지키는 것은 저의 사명일 테니까요. 저는 제 사명을 저버리고 싶지 않습니다." 아버지가 한 걸음 물러섭니다. "네 결심이 그렇다면 어쩔 수 없구나. 그렇지만 네가 괴물을 처치하고 무사히 돌아올 때는 승리의 표시로 흰 깃발을 달고 돌아오너라. 나는 네가 흰 깃발을 달고 돌아올 날만을 손꼽아 기다리고 있겠다." "네, 걱정하지 마세요." 테세우스도 굳게 약속하고 아테네를 떠납니다.

괴물이나 미궁이 걱정이 되기는 테세우스도 마찬가지입니다. 그러나 나라의 근심을 그냥 둘 수는 없다고 생각합니다. 마침 미노스왕의 두 딸인 아리아드네와 파이드라가 테세우스에게 호감을 보입니다. 그중에서도 언니 아리아드네는 테세우스를 보자마자 한눈에 반하고 맙니다. 그녀가 제안합니다. "저와 결혼해주신다면 제가 방법을 알려드리겠어요. 어때요?" 음, 호동 왕자를 사랑해 자명고를 찢은 낙랑공주가 연상되지 않나요? 적이 쳐들어오면 미리 울려서 경고를 해준다는 자명고를 찢는 바람에 낙랑군은 고구려 군에게 멸망 직전까지 가지 않았던가요? 화가 난 아버지는 딸 낙랑공주를 죽이고 고구려에 항복하고 말거든요. 하지만 힘이 부족하다고 느낀 고구려는 낙랑을 아주 없애지는 않습니다. 낙랑이 망하는 것은 이때부터 300년쯤 더 지난 미천왕 때죠. 어째 아리아드네가 슬며시 걱정이 되는군요. 아버지와 나라를 배신한 공주를 신들도 예쁘게 보지 않을 거거든요.

테세우스도 아리아드네와 결혼할 생각은 없습니다. 원수의 나라 공주에게 장가들 생각은 해본 적도 없으니까요. 그러나 우선은 괴물을 죽이고 살아남는 일이 중요합니다. 테세우스가 고개를 끄덕입니다. 아리아드네의 청을 들어준다고 하면 괴물을 처치하고 미궁에서 살아나올 길이 있을 것 같으니까요.

승리의 상징, 흰 깃발을 달아야 하는데

아리아드네가 신이 나서 말합니다. "좋아요. 이 실꾸리를 드릴 테니 실을 풀면서 천천히 미궁으로 들어가세요. 실의 한쪽 끝은 제가 밖에서 잡고 있을 테니까요. 그리고 이 칼을 가지고 들어가세요." 아리아드네가 예리한 칼을 건네줍니다. 오호라, 그런 방법이 있었군요. 미궁은 수많은 길이 수많은 굽이를 이루며 끝도 없이 이어집니다. 그는 한나절이나 실을 풀며 미궁으로 들어가 사람의 머리에 소의 몸통을 가진 괴물 미노스타우로스를 죽이고는 실을 도로 감으며 마침내 미궁을 벗어납니다. 함께 끌려간 아테네의 인질들도 무사히 살아나오게 되죠.

아리아드네와 함께, 잡혀갔던 아테네 백성들을 싣고 테세우스가 돌아옵니다. 그러나 아리아드네를 데리고 가기는 싫습니다. 그래서 테세우스는 배가 낙소스 섬에 들렀을 때 아리아드네가 잠자는 틈을 이용해 그녀를 섬에 두고 떠나고 맙니다. 거짓 결혼 약속에 속아 아버지를 배반한 아리아드네의 처지만 한심하게 되었습니다. 누구는 아테나 여신이 테세우스에게 아리아드네를 섬에 두고 떠나게 했다고도 하고 또 누구는 술의 신 디오니소스에게 그녀를 빼앗겼다고도 해서 테세우스와 아리아드네를 배려하기도 합니다. 아리아드네, 사랑하는 이를 잃었지만 술의 신과 결혼하게 되었으니 그나마 다행이라 할까요? 디오니소스가 아리아드네에게 선물로 준 목걸이는 지금도 밤하늘에 빛나고 있지 않은가요? 불행이 오히려 복이 된 예라 하겠습니다.

너무 피곤했나요? 아니면 일이 무사히 끝나자 너무 마음을 푹 놓아버린 걸까요? 테세우스는 한 가지를 잊고 있거든요. 아버지 아이게우스는 날마다 바닷가 언덕에 올라가 아들의 배가 무사히 돌아오기만을 기다리고 있습니다. 이윽고 저 멀리 아들이 탄 배가 나타납니다. "흰 깃발을 달았는지 살펴보아라." 그러나 흰 깃발이라는 말은 들리지 않습니다. "좀 더 가까이 올 때까지 기다려보자." 하지만 아버지는 절망하고 맙니다. 깃발은 검은색이었거든요. "아들이 죽었으니 내가 무슨 희망을 가지고 살 것이냐?" 아버지는 확인도 하지 않고 절벽 아래로 몸을 던지고 맙니다. 사람들은 그가 몸을 내던진 바다를 그의 이름을 따 아이게우스의 바다, 곧 에게 해로 부르고 있죠. 그러나 기쁜 소식을 전하려고 서둘러 배에서 뛰어내린 테세우스를 기다리고 있는 것은 아버지의 죽음이었습니다. "대체 왜?" 그러자 몇몇이 돛을 가리키며 말합니다. "어째서 흰 깃발을 달지 않으셨나요?" "뭐라고?" 아무리 후회해도 소용없는 일입니다. 테세우스는 죽은 아버지의 뒤를 이어 아테네의 왕이 되어 나라를 다스리게 됩니다.

비극이 시작되다

아테네는 날로 번성하는 중입니다. 이제는 크레타로 인질을 보내지 않아도 됩니다. 아니, 오히려 크레타가 아테네의 눈치를 보게 되었습니다. 그만큼 나라의 힘이 강해졌으니까요. 테세우스는 아마존을 정벌하고 아마존의 여왕 히폴리테를 데려와 아내로 삼습니다. 둘 사이에서 아들 히폴리토스가 태어나 건장한 청년으로 성장하고 있으니 큰 걱정도 없을 듯합니다. 그러나 히폴리테가 죽자 테세우스는 아리아드네의 동생인 파이드라를 새 아내로 맞아들입니다. 이거 아무래도 이야기가 이상하게 돌아갈 것 같지 않으세요?

파이드라는 테세우스가 언니 아리아드네를 이용만 하고 낙소스에 버린 것을 잘 알고 있습니다. 그래서 그에 대한 호감도 반감으로 변한 지 오래죠. 다만 정치적인 이유로 할 수 없이 테세우스에게 시집을 왔습니다. 지금은 크레타의 국력이 아테네보다 크게 떨어져 아테네의 요구를 거절하기 어렵거든요. 테세우스에 대한 반감이 어떻게 변할지 걱정이네요.

어느 날, 파이드라의 눈에 히폴리토스가 들어오기 시작합니다. "그래봐야 전처의 아들인걸." 그렇게 마음을 정리하고 말았는데 그렇게 끝나지 않는 것이 이상합니다. 언제부터인가 전처의 아들은 자신이 사랑하고 싶은 남자가 되어 있었으니까요. 이성적으로는 이것이 말도 안 되는 것을 누구보다도 그녀 자신이 가장 잘 알고 있습니다.

'내가 낳지는 않았어도 그는 내 아들 아닌가? 아들을 사랑하다니.' 있을 수 없는 일입니다. 더구나 히폴리토스는 자신의 이런 마음을 알지도 못하고 설령 안다고 해도 자신의 마음을 받아줄지는 전혀 모릅니다. 아니, 받아들이지 않을 것이 뻔하죠. 아버지의 여자이며 새어머니인 여자와 사랑을? 히폴리토스는 아르테미스를 좋아합니다. 아르테미스는 달과 사냥의 여신이지만 이성에는 전혀 관심이 없죠. 그러니 히폴리토스가 새어머니를 좋아할 리는 더욱 없습니다. 왜냐하면 그는 아주 반듯한 청년이거든요.

그러나 파이드라가 제 마음을 다스릴 수 없다는 것이 문제입니다. 도저히 참을 수 없게 된 파이드라가 아들에게 편지를 씁니다. 몇 번이나 쓴 글을 지우고 다시 썼는지도 모를 정도입니다. 편지를 써도 걱정, 쓰지 않아도 걱정만 파도처럼 밀려올 뿐입니다. 마침내 편지는 히폴리토스에게 전달되고 맙니다. 어쩌면 자신의 사랑이 받아들여질지도 모른다는 가느다란 희망과 함께.

그러나 아닌 건 아니죠. 새어머니와 사랑을? 히폴리토스는 새어머니의 편지를 보자마자 분노에 몸을 떱니다. "더러운 피가 아테네까지 물들이려 하는구나. 자기 언니가 사랑했던 남자와 결혼한 것도 모자라 아들인 나까지 유혹하다니." 그는 한시도 성 안에 머무르고 싶은 생각이 없습니다. 잠시라도 이런 여자와 같은 성 안에 있다는 것이 불결해서 참을 수 없다고 생각하는 중이거든요. 그는 말을 채찍질해 성 밖으로 달려나갑니다.

혹시나 하는 희망의 끈을 잡고 있던 파이드라에게 소식이 전해집니다. 그러나 그 소식은 기대했던 것과는 전혀 다른 것이었으니 그녀의 심정이 어떠했을지 짐작할 수 있을 겁니다. 심부름꾼의 이야기를 들으니 히폴리토스는 자신이 정성을 다해 쓴 편지를 찢어버리고 모욕감에 떨며 성 밖으로 달려나갔다는군요. 불결한 여자와 한시도 같이 지낼 수 없다면서요. 파이드라도 모욕감에 몸서리를 칩니다. "이놈이 감히 나를 모욕해? 그렇다면 나도 너를 용서할 수 없다."

파이드라는 머리를 풀어헤치고 옷을 갈가리 찢은 후 이번에는 남편에게 편지를 씁니다. "낮에는 아르테미스를 섬기는 척하면서 밤에는 아프로디테를 숭배하는 자를 벌해주소서." 이는 남 앞에서는 순결을 내세우면서도 뒤로는 오히려 육체적인 사랑에 빠져 있는 자를 벌해달라는 뜻입니다. 간단히 말해 자신을 범하려던 히폴리토스에게 저항한 후 모욕감을 이기지 못해 자살하니 당신의 아들이라고 해서 용서하지 말아달라는 것입니다. 편지를 읽은 테세우스도 아들의 무례한 짓에 분노합니다. 그도 신이 아니니 아내의 거짓 편지에 100퍼센트, 완벽히 속아 넘어가는군요. "네가 감히 새어머니에게 이런 짓을 할 수 있다는 말이냐?"

아들을 벌하기로 결심한 테세우스가 포세이돈에게 청합니다. 포세이돈은 테세우스에게 세 가지 약속을 들어주겠다고 약속했는데 테세우스는 마지막 부탁으로 아들을 죽여달라고 했습니다. "약속을 했으니……." 포세이돈이 그 약속을 들어줍니다. 더러운 여자 파이드라의 곁을 벗어나 해안가를 달리던 그는 갑자기 바다에서 괴물이 나타나 덤벼드는 바람에 놀란 말에서 떨어져 목숨을 잃고 맙니다. 혹 누구는 나뭇가지가 그의 목을 감고 올라가는 바람에 허공에 매달린 채 죽음을 맞이했다고도 하는군요. 놀랍고도 끔찍한 일입니다. 계모와 전처 아들 사이에서 빚어지는 비극이 이렇게 얼굴을 드러내기도 하는군요.

테세우스, 저승을 다녀오다

한때 테세우스는 저승을 찾아간 적이 있습니다. 테살리아의 왕이었던 페이리토스가 새로 아내를 구하는데 테세우스는 트로이전쟁의 원인이 된 헬레네를 아내로 삼으려 했고 페이리토스는 하데스의 아내가 되어 있는 페르세포네를 아내로 삼으려 했죠. 그들은 대담하게도 저승으로 내려가 하데스에게 페르세포네를 내놓으라고 요구합니다. 기도 차지 않는 요구를 듣자 하데스가 꾀를 내어 잠시 의자에 앉아 기다리라 합니다. 그들은 별 의심도 하지 않고 털썩, 그가 내준 의자에 엉덩이를 붙이고 맙니다. 그러나 이 의자는 '망각의 의자'였죠. 그들은 저승에 온 이유는 물론 모든 것을 다 잊은 채 식물처럼 앉아 있게 됩니다. 칼뤼돈의 멧돼지를 사냥하기도 하고 아르고 호를 타고 황금 양털을 찾으러 갔던 영웅들도 하릴없이 이런 식으로 삶을 다하게 된 겁니다.

　마침 이때 12가지 숙제 중 '저승을 지키는 케로베로스를 잡아오라'는 마지막 과제를 완수하기 위해 헤라클레스가 저승으로 찾아옵니다. 케로베로스는 머리가 셋이나 달린 개인데 털이 뱀으로 되어 있어 살아 있는 인간은 감히 접근할 생각도 할 수 없다죠? 그렇지만 헤라클레스는 그리스 최고의 용사가 아니던가요? 그는 이 마지막 과제도 거뜬히 해치웁니다. 그런데 그가 와서 보니 테세우스, 페이리토스 두 영웅이 망각의 의자에 앉아 있는 것 아니겠어요? 헤라클레스가 테세우스를 힘껏 잡아당기자 엉덩이 살이 뜯긴 채 일어나는 겁니다. 망각의 의자에 엉덩이 살이 다 뜯긴 탓에 테세우스의 후손들은 지금도 '뾰족 엉덩이' 소리를 듣는다죠? 그런데 테세우스 다음으로 헤라클레스가 페이리토스를 잡아당기려고 하는 순간 지진이 일어나 지붕이 무너지는 것 아니겠어요? 그 바람에 헤라클레스의 손을 놓치고 만 페이리토스는 테세우스와 달리 다시는 이승으로 나올 수 없었답니다.

영웅의 죽음, 영웅의 초라한 최후

헤라클레스의 도움으로 아테네로 돌아왔으나 이미 아테네는 그를 왕으로 인정하지 않습니다. 영웅도 늙으면 이렇게 푸대접을 받는군요. 테세우스는 아테네 시민들이 자신에게 바친 사당 하나를 헤라클레스에게 넘겨주고 아테네를 떠납니다. 저승에서 그를 구해준 것에 대한 감사의 표시군요.

아테네를 떠난 테세우스는 스키로스 지방의 리코메데스에게 의탁합니다. 영웅의 신세가 처량하군요. 그러나 그는 이곳에서도 오래 살지 못합니다. 테세우스와 함께 산책을 하던 리코메데스가 기회를 보고는 그를 절벽에서 밀어버렸기 때문입니다. 영웅이라지만 귀찮은 늙은이로 전락한 테세우스도 이렇게 삶을 마감하고 맙니다.

사실 테세우스는 조공을 바쳐야 했던 크레타를 굴복시키는 등 아테네를 크게 번성시킨 인물입니다. 그리스 민주주의의 선도자라는 칭송을 받기도 합니다. 국력이 커져 아테네가 그리스 도시국가들의 우두머리가 되면서 테세우스에 대한 이야기도 점점 더 풍부해지죠. 이는 항상 아테네와 대립하며 주도권을 잡으려 다투던 스파르타가 헤라클레스를 최고의 영웅으로 숭배함에 따라 테세우스의 무용담도 아테네의 자부심과 긍지를 내세우는 수단으로 사용된 것입니다. 지금도 우리는 스파르타식이니 아테네식이니 하는 소리를 곧잘 듣곤 하지 않던가요?

그러나 테세우스에 대한 결말은 헤라클레스와는 크게 비교가 됩니다. 처음부터 시련을 극복해나가는 영웅담으로 이어지는 헤라클레스의 이야기와는 달리 테세우스의 마지막 이야기는 초라하기 그지없거든요. 제우스의 아들이요, 헤라의 젖을 먹은 헤라클레스는 자신의 육신을 태우고 나서 하늘에 올라 신이 됩니다. 그러나 테세우스는 사리분별을 하지 못해 아들을 죽이고 자신도 살해당하고 마는 시골 늙은이로 묘사될 뿐입니다. 이는 아테네가 급격히 쇠퇴한 후 다시는 그리스 전체를 주도적으로 이끌지 못했다는 뜻이기도 합니다.

죽은 자를 살려낸 의사 아스클레피오스

테세우스의 아들 히폴리토스가 아버지의 저주로 죽자 그의 죽음을 안타깝게 여긴 사람이 있었습니다. 그가 바로 아폴론의 아들로 의술의 신이라 불리는 아스클레피오스입니다. 의과대학을 졸업한 학생들이 훌륭한 의사가 되기로 다짐하는 히포크라테스 선서가 있죠? 히포크라테스는 바로 아스클레피오스가 세운 의과대학의 학생이었죠. 아스클레피오스는 죽은 히폴리토스를 불쌍히 여겨 그를 다시 살려냅니다. 그의 죽음이 부당하다고 생각했기 때문이죠. 그렇지만 죽은 자를 살려내는 행위는 결국 신들의 노여움을 사고 맙니다. 세상의 질서를 깨트린 죄가 아주 크다는 것이죠. 결국 착한 일을 하고도 아스클레피오스는 제우스가 던진 벼락을 맞아 죽고 맙니다. 신의 핏줄인 그도 영생을 하지 못하고 이렇게 삶을 마감하게 되는군요.

그런데 죽은 사람을 살려낸 아스클레피오스의 행위는 미궁에 들어갔다가 꿀 항아리에 거꾸로 빠져 죽은 미노스 왕의 아들 리비코스를 살려낸 폴뤼이도스를 떠올리게 하지 않나요? 혹 지금도 저승을 구경하고 왔다는 사람들에게는 아스클레피오스나 폴뤼이도스를 만났는지 물어볼 일입니다. 그분들도 아스클레피오스나 폴뤼이도스 덕에 다시 이승으로 돌아올 수 있었는지도 모르니까요.

그런데도 아스클레피오스는 아직도 죽지 않았다고 주장하는 사람들이 적지 않더군요. 그가 세운 의과대학에서는 히포크라테스를 비롯한 많은 의사들이 배출되지 않았나요? 이 의과대학 출신의 의사들은 스승 아스클레이토스를 본받아 지금도 저승 문턱까지 이른 사람들을 살려 다시 이승으로 돌려보내고 있다고 하거든요. 시간이 흐르고 신들의 권위가 이전만 못해서인지 모르겠지만, 그걸 빤히 알면서도 지금 신들은 조는 척, 그리고 모르는 척하면서 딴청을 부리고 있는 거겠고요.

생각 한 뼘 더 키우기

1 테세우스는 '숨겨진 보물'이라는 뜻입니다. 왜 이런 이름이 붙었을까요?

2 테세우스는 크레타에서 미노스타우로스를 죽이고 돌아옵니다. 테세우스가 왜 영웅인지를 생각해봅시다.

3 테세우스에게서 영웅의 모습이 크게 느껴지는 것은 그가 아버지를 찾아가 인질을 자처해 크레타에 승리하고 귀환하는 부분입니다. 그 이후가 크게 달라 보이는 이유는 무엇일까요?

10장

시련을 이겨낸 사랑은 힘이 세다

: 사랑을 완성한 프시케

인간은 신의 분노를 감당할 수 없다

따뜻한 방 안에서 겨울을 난 알뿌리는 봄이 되어도 꽃을 피우지 못합니다. 꼭 필요한 시련이나 과정을 아무 대가나 노력도 없이 지나친 결과입니다. 열대지방에서 자라 추위나 고통을 겪은 적이 없는 나무에는 나이테가 없죠. 나무의 나이테 또한 시련을 이겨낸 자랑스러운 상처인데 이 지방의 나무들은 고난을 모르거든요. 혹독한 환경에 내몰린 해에는 나무 나이테의 간격이 좁고 성장 조건이 좋은 해에는 나무 나이테의 간격이 넓습니다. 늘 여름인 나라에서는 꿀벌조차 꿀을 모아두려 하지 않습니다. 그 이유도 아주 간단하죠. 언제나 꽃이 피어 있기 때문에 미리 내일 먹을 식량을 준비할 필요를 느끼지 못하거든요.

그러나 추운 겨울을 견디고 피어난 꽃은 한층 더 선명하고 아름답습니다. 모진 겨울을 이겨낸 나무는 톱날이 들어가지 않을 만큼 단단하죠. 깊은 산속, 바위에 매달린 벌집에는 꿀이 넘칩니다. 그런 이유일 겁니다. 열대지방의 나무들이 하늘을 찌를 듯 우뚝한 덩치를 자랑하면서도 별로 강하지 않은 바람에도 쉽게 부러지거나 뿌리째 뽑히기까지 하는 것도요.

단지 나무만 그런 것은 아니겠죠. 봄을 가득 채우고 있는 꽃은 모진 겨울을 잘 이겨냈기 때문에 한층 더 아름다운 것입니다. 나비나 벌 등 봄에 생명을 노래하는 모든 만물이 다 그렇습니다. 사람도 마찬가지겠죠. 세상에는 수많은 영웅이 있지만 그들의 공통점은 시련을 극복해내고 그 덕에 자신뿐만 아니라 더 많은 사람들에게 용기와 희망을 심어주었다는 점일 겁니다. 만약 그렇지 않다면 우리가 영웅들을 본받으려 하고 그들을 존경할 이유도 별로 없겠죠.

그러니 인간이 신의 분노를 사는 것은 어리석은 일입니다. 신을 비하하거나 무시하는 것은 무모한 짓입니다. 인간을 신에 견주어 신과 대결을 벌이자고 나서는 것도 바보 같은 행동이죠. 아테나 여신과 재주를 겨루다 거미로 변한 아라크네를 생각해볼 일입니다. 그리고 레토 여신의 미움을 받아 14명이나 되는 자식을 다 잃고 돌이 된 채 이제껏 눈물을 흘리고 있다는 니오베를 생각해볼 일입니다. 아폴론과 악기 연주 솜씨를 겨룬 마르시아스는 가죽이 벗겨지는 형벌을 받았죠. 좀 심한가요? 하지만 대가가 가혹하다고 볼멘소리를 한다고 해서 신이 내린 벌의 무게가 가벼워지지는 않는다는 것을 명심할 일입니다.

프시케는 두 언니보다 월등히 뛰어난 미모를 가지고 있는 공주입니다. 그런데 아름답기 그지없는 프시케가 모진 시련을 겪게 된 것은 순전히 어머니의 말실수 탓이었으니 안타까운 일입니다. "아무리 아프로디테가 아름답다 한들 우리 딸 프시케에 비할까?" 뭐, 뭐야? 미의 여신 아프로디테의 눈꼬리가 올라가는 모습이 상상되지 않으시나요? 그렇지 않아도 같잖은 인간 프시케의 아름다움을 찬양하느라 자신에 대한 경배가 한참 모자란다고 생각하고 있는 판에 이런 소리까지 들으니 아프로디테가 화르르 타오르는 것도 당연한 일이겠습니다.

아프로디테가 아들 에로스를 부릅니다. 화를 가라앉히지 못해 가슴도 벌렁거리고 얼굴은 단풍 숲에 들어선 것처럼 빨개져 있습니다. 하도 흥분해서 말조차 더듬을 지경이군요. 아프로디테가 아들에게 분부합니다. "저 아래를 내려다보아라. 여신 중에서도 가장 아름답다고 인정한 나를 무시한 저 계집애의 콧대를 꺾어놓지 않고는 이 어미의 화가 풀리지 않겠다. 그러니 저 계집애가 세상에서 가장 추하고 보잘것없는 인간을 사랑하게 해서 나중에는 가장 비참한 구렁텅이로 떨어지게 해라. 나를 무시한 대가가 얼마나 큰지 톡톡히 맛을 보여주어야겠다."

아프로디테의 정원에는 두 개의 샘이 있습니다. 하나는 물맛이 달고 다른 하나의 물맛은 아주 쓰죠. 만약 에로스가 쓴맛이 나는 샘물에 화살촉을 적셔 쏘게 되면 그 화살을 맞은 상대는 신이건 인간이건 그야말로 사랑의 쓴맛을 보지 않을 수 없습니다. 상대가 아무리 사랑을 구걸한다고 해도 그는 절대 그 사랑을 받아들이지 않을 거거든요. 그러나 달콤한 맛이 도는 샘물에 적신 화살을 맞은 사람은 눈앞에 있는 상대를 사랑하지 않고는 도저히 견딜 수 없습니다. 샘물을 이용하지 않을 때 에로스는 납 화살과 금 화살을 사용합니다. 납화살을 맞은 자는 상대가 누구든 한사코 그 사랑을 거부합니다. 반대로 금 화살에 가슴을 다친 자는 상대가 누구이냐에 관계없이 그를 사랑하지 않을 수 없습니다. 그러니 납 화살을 받은 자와 금 화살을 맞은 자가 만난다는 건 아주 불행한 일이겠습니다. 상대를 향한 마음만 애타게 할 뿐 그 사랑이 이루어질 가능성은 거의 없으니까요. 어머니의 말을 아주 잘 듣는, 2퍼센트 부족한 마마보이 에로스가 어떤 짓을 할지 아주 빤해 보입니다. 그러나 어머니는 그런 아들의 손을 잡고는 아주 흡족해하며 말하겠죠. '역시 내 아들!'이라고요.

에로스, 자신의 화살에 상처를 입다

에로스가 어머니의 심부름 준비를 합니다. 그는 두 개의 호박 병에 단물과 쓴물을 나누어 담고 작은 날개를 흔들어 소리도 없이 프시케의 침실에 내려앉았습니다. 마침 프시케는 깊은 잠에 빠져 있군요. 아무것도 모른 채 잠에 빠져 있는 것이 안쓰럽지만 쓴물이 담긴 호박 병에 화살촉을 적셔서는 그녀의 입술에 살며시 댑니다. 그것만 해도 충분하니까요. 이제 프시케는 더 이상 행복한 삶을 누리지 못할지도 모릅니다.

화살이 닿자 프시케가 눈을 뜹니다. 에로스는 깜짝 놀랐습니다. 그녀가 눈을 뜨고 자신을 바라보는 것 같았거든요. 신이라서 인간의 눈에 띌 염려도 없건만 눈앞에 있던 그녀가 눈을 뜨자 단물에 적신 화살이 자신의 가슴을 스치고 맙니다. 자신도 모르게 움찔, 놀란 것이 이런 사태를 불러오는군요. 에로스는 당황스럽기도 하고 미안하기도 해서 그녀의 모습이 더욱 아름답도록 머릿결도 부풀려주고 밝은 빛이 얼굴에 가득하게 만들어줍니다. 그러고 나서 에로스는 다시 창문을 통해 날아갑니다.

아프로디테가 보니 사태가 좀 이상하게 돌아갑니다. 어린아이인 줄만 알았던 자신의 아들 에로스가 부쩍 자란 데다가 나날이 기운이 없고, 잘생긴 아들의 얼굴에는 근심이 떠나지 않고 있거든요. 반면 아프로디테가 미워하는 프시케의 아름다움은 줄어들기는커녕 오히려 더욱더 그녀의 아름다움을 칭송하는 목소리만 드높아지고 있네요. 아프로디테가 보고 있어도 프시케는 더욱 아름다워 보입니다. 상황을 눈치챈 아프로디테는 더욱 이를 갈게 됩니다.

언니들이 짝을 만나 결혼을 했습니다. 그러나 프시케에게는 아무도 청혼을 하지 않습니다. 그녀의 아름다움을 칭송하는 목소리만 높을 뿐입니다. 하늘에 천둥소리는 요란하지만 실제로는 비 한 방울 내리지 않는 것이나 마찬가지군요. 프시케도 한숨을 쉬는 날이 늘어만 갑니다. 부모로서도 이 상황이 이해되지 않습니다. 심지어는 사람을 보내어 신랑을 구하는데도 선뜻 결혼하겠다며 나서는 사람이 없는 것은 아무리 생각해도 알 수가 없습니다. 무슨 일이지? 신탁에라도 물어볼 수밖에요.

그러나 신탁은 전혀 예상하지 못한 것이었습니다. 델포이에 있는 아폴론 신전에서 받은 신탁이 너무 끔찍했거든요. "이 아이는 절대 인간에게 시집갈 운명이 아니다. 남편은 산꼭대기에 살고 있는 괴물이다. 그러니 이 아이를 산 정상에 데려다놓아라. 그렇지 않으면 나라 전체에 엄청난 재앙이 덮칠 것이니."

나라가 온통 슬픔에 빠졌습니다. 이렇게 아름다운 공주에게 이처럼 끔찍한 재앙이 닥치다니요? 며칠을 슬픔에 잠겨 운명을 탓하던 프시케가 결심한 듯 부모님을 찾습니다.

"신이 제 운명을 그렇게 정해놓았다면 인간인 저는 운명을 따를 수밖에 없습니다. 오히려 이런 불행은 저를 아프로디테 여신의 아름다움에 견준 탓이 아니던가요? 그런 칭송은 인간인 저에게가 아니라 신에게나 어울릴 말들인걸요. 부모님께서는 남들이 저를 칭송할 때 그것을 기뻐할 것이 아니라 그들이 함부로 입을 놀리지 않게 단속을 하셔야 했어요. 그렇다고 해도 운명을 슬퍼만 할 수도 없습니다. 나라를 더 큰 재앙에 빠트릴 수는 없으니까요. 그러니 저를 산꼭대기로 데려다주세요."

아름다운 공주 프시케의 혼인 준비가 마치 장례 준비처럼 우울하고 슬픕니다. 혼인을 위한 행렬도 장례 행렬과 하나도 다를 게 없군요. 사람들은 그녀를 산 정상에 내려놓습니다. 그리고 그녀를 불쌍히 생각하면서도 서둘러 산을 내려갑니다. 더 머뭇거리다가는 자칫 괴물에게 해를 입을지 모른다고 생각하니까요. 혼자 남은 프시케만 불쌍합니다.

홀로 남겨진 프시케는 한참을 울다가 자리에서 일어났습니다. 무섭기도 하고 슬프기도 하지만 언제까지 울고만 있을 수는 없다고 생각한 거죠. 두려움에 떨면서도 프시케는 여기저기를 살펴봅니다. 제피로스의 도움으로 가뿐하게 골짜기에 내려서자 조금은 용기도 생기는 것 같습니다. "괴물의 아내가 되는 것이 운명이라면 피하거나 울기만 한다고 해서 달라지지 않을 거야. 그렇다면……."

숲으로 들어서자 뜻밖에도 아름다운 집이 나타납니다. 이건 마치 왕이나 신이 거처하는 곳인 듯 휘둥그레 커진 눈이 팽이처럼 돌아갈 정도입니다. 프시케가 집으로 들어가지만 사람은 하나도 보이지 않습니다. 그러나 모든 것이 잘 갖추어져 있는 것이 놀랍습니다.

여기저기 둘러보고 있는 프시케에게 이런 소리가 들려옵니다. "여왕이시여, 이 궁전의 주인은 여왕이십니다. 편안하게 쉬시고 필요한 것이 있으면 얼마든지 말씀해주십시오. 우선 목욕부터 하시고 한숨 푹 주무시는 게 어떻겠습니까? 그 후에 맛있는 식사를 준비해 놓겠습니다." 목욕을 마치고 잠시 눈을 붙이고 나자 누군가가 말한 것처럼 저녁이 준비되어 있는 것도 놀랍습니다. 저녁을 들고 나니 마음이 조금은 놓이지만 어둠이 짙어지자 다시 겁이 납니다. "이러 다가 오늘 밤에 괴물에게 잡아먹히는 거 아닐까?"

밤이 깊어지자 누군가 그녀의 곁에 나타납니다. 그렇지만 상대가 괴물이라고는 생각되지 않습니다. 목소리도 따뜻하고 세심한 것까 지 배려해주는 바람에 신탁을 까맣게 잊어버릴 지경입니다. 행복한 밤이 지나 눈을 떠보니 신랑은 보이지 않습니다. 황홀하면서도 조 금은 아쉽습니다. 남편의 모습을 보고 싶었으니까요. 하지만 남편은 프시케에게 이렇게 말했죠. "사정이 있으니 내 모습을 보려고 하지 마오. 나는 괴물도 아니지만 당장은 내 모습을 드러낼 수 없으니 기 다려주시오." 당부하는 말도 따뜻하고 부드럽습니다. "그래, 기다려 보면 알겠지."

남편은 밤마다 찾아와 사랑을 나누고는 새벽의 여신 에오스가 기 웃거리기 전에 떠납니다. 날이 밝기 전에 사라진다는 뜻이죠. 당신 의 모습을 직접 보고 싶다고 하자 남편이 만류합니다. "이것은 나를 위해서가 아니라 당신을 위해서요. 나는 당신이 나를 사랑하기를 바라지 숭배하기를 바라지 않아요. 그러니 나를 믿어요. 나는 당신 을 사랑하고 있으니까요."

프시케가 말합니다. "알았어요. 그렇다면 언니나 부모님께 안부라도 전하는 것은 괜찮겠죠? 우리 가족은 제가 괴물에게 잡혀 죽었을 것이라면서 슬퍼하고 계실 거예요. 그러니 안부라도 전하고 언니들이라도 초대해서 이야기라도 나누게 해주세요." 남편이 말합니다. "정 그렇다면 그렇게 하시오. 다만 이런 일이 당신이 누릴 행복의 무게를 줄이지 않았으면 하오." 남편의 걱정을 뒤로 한 채 프시케는 심부름꾼을 보내 안부를 전하고 자신이 살고 있는 궁전으로 언니들을 초청합니다.

언니들도 호기심이 가득합니다. 불행한 동생이 안쓰럽기도 했는데 어디에서 어떻게 지내는지 확인하고 싶거든요. 와서 본 언니들은 속으로 크게 놀랍니다. 이렇게 화려하고 아름다운 궁전은 본 적이 없거든요. 시기심이 일어납니다. 그래서 꼬치꼬치 캐묻습니다. 무언가 실마리라도 찾고 싶은 것이죠. 어릴 때부터 늘 동생에게 밀려 속만 끓였는데 이렇게 잘 살고 있는 것을 보니 배가 더 아픈 모양입니다.

"남편은 잘해줘? 괴물은 아니고?" "잘해주지. 멋있고 잘생긴 청년이야." "어느 나라의 왕자님이야? 주로 무슨 일을 해?" "어느 나라 왕자님인 줄은 몰라. 남편은 날마다 사냥을 다니지. 그래서 그런지 매일 너무 늦어." "그럼 남편의 얼굴도 제대로 못 보았겠네? 날마다 늦게 들어온다면."

그러다가 결국 들통이 납니다. "밤에만 와서 새벽이 되기 전에 가버리고 마니까……." 언니들은 꼬투리를 잡았다며 속으로 쾌재를 부릅니다. 그렇지만 말투는 사랑스럽기 그지없고 진심이 묻어나는 듯합니다. "어두울 때만 나타나서 그렇게 빨리 사라진다면 그건 괴물임에 틀림없어. 아마 너를 살찌워서 나중에 잡아먹으려고 하는지도 모르지. 그러니 오늘 밤에 꼭 확인을 해봐. 양초와 칼을 준비해서 만약 괴물이라면 찔러 죽이고, 잘생긴 청년이라면 더 행복하게 살면 되니까." "그래, 틀림없이 괴물일 거야. 네가 걱정이다." 프시케는 불안합니다. 언니들 말처럼 남편이 진짜 괴물이면 어쩌지? 신탁은 거짓말을 안 한다던데.

의심의 이슬비에 젖고 말다

프시케는 남편이 괴물일 리가 없다고 생각합니다. 볼 수는 없어도 그의 말투며 피부, 부드러운 숨소리를 생각하면 절대 괴물일 수가 없거든요. 그와 사랑을 나누면서도 괴물을 떠올린 적이 없습니다. 그런데 이상합니다. 남편의 모습을 확인하라는 말이 귀에서 떠나지 않고 맴돌고 있거든요. "확인해봐. 괴물이면 죽이고 잘생긴 청년이라면 더욱 사랑하면 될 테니까." "아니야. 남편은 자신의 모습을 보려고 하지 말라고 했어. 그러면 오히려 불행해진다고. 사정이 있다고 했으니 남편을 믿고 기다리는 게 맞지." 그러나 결론이 나지 않습니다. "확인해." "아니야, 그러지 마." 누가 이길지 모르는 싸움이란 이런 거군요.

그러나 점점 그의 생각이 한쪽으로 기울어지는 것을 느낍니다. "남편이 잘 때 잠깐 확인만 하면 돼. 깊은 잠에 빠져 남편은 알지도 못할 텐데 뭐." 의심의 이슬비에 마음이 이렇게 흠뻑 젖을지는 몰랐습니다. 프시케는 몰래 양초와 칼을 준비합니다. 그러나 칼을 사용할 일은 없을 거라고, 그런 불행한 일이 일어나지 않게 해달라고 비는 중입니다.

밤이 깊어지자 여느 때와 다름없이 남편이 찾아옵니다. 남편은 한없이 다정하고 따뜻합니다. 이런 남편을 의심하다니? 죄스러운 생각이 일어납니다. 사랑을 나눈 남편은 피곤했는지 곤히 잠이 듭니다. 그러나 프시케는 잠이 들 리 없습니다. 오히려 의심과 불안, 호기심이 주인인 양 그녀의 마음을 제멋대로 드나드는 중이죠. '지금 확인을 해? 남편의 당부를 저버리고? 확인만 하는 건데 어때? 그래도 남편을 믿지 않는 건 나빠.' '무슨 소리야? 더 큰 불행을 막으려면 확인을 해야지. 그런데 그가 진짜 괴물이면 어떡하지?' '그래도, 그래도……'

마침내 프시케가 몸을 일으킵니다. 언니들의 꼬드김에 속절없이 지고 말았군요. 숨겨놓은 칼을 한 손에 들고 양초에 불을 붙입니다. 그러자 황홀하리만큼 잘생긴 청년의 모습이 나타납니다. 갑자기 미안한 생각이 듭니다. 이렇게 잘생긴 남편의 당부를 어겼으니까요. 그러면서도 남편의 모습을 더 가까이에서, 더 잘 보고 싶어 한 걸음 더 가까이 다가갑니다. 잠자는 모습에 빠져든 프시케가 남편에게 고개를 기울이는 순간 촛농 한 방울이 그의 어깨에 떨어집니다. 에로스가 눈을 뜨더니 이내 상황을 알아채고는 말없이 떠나갑니다. 창문을 막 벗어나려던 그가 돌아서며 말합니다.

"어리석은 여자여, 내가 그렇게 당부하지 않았소? 나는 어머니의 당부를 어겨가면서까지 당신을 사랑하는데 당신은 끝내 나를 믿지 못하는구려. 사랑이란 믿음이 없는 곳에서는 결코 살 수 없는 나무요. 우리 사랑을 무너뜨린 것은 당신이오. 나는 가야만 하오."

에로스가 떠나가자 프시케는 자신의 어리석음에 한동안 고개를 들지 못합니다. 그러다 고개를 든 프시케가 놀랍니다. 그녀 곁에는 궁전은 물론이고 아무것도 보이지 않았거든요. 차가운 흙바닥에 쓰러져 울고 있는 자신을 보니 모든 것이 꿈만 같습니다.

프시케가 초라한 모습으로 울며 집으로 돌아오자 오히려 두 언니는 신이 났습니다. '흥, 손톱만큼 예쁜 것으로 우쭐대며 까불더니 그것 봐라. 분에 넘치는 복을 받으면 그렇게 되는 법이다. 이제는 우리가 너 대신 그 복을 차지해야겠다. 그건 원래 우리 것이었거든.' 언니들은 산 정상에 올라 그 궁전으로 뛰어내릴 참입니다. "제피로스여, 우리를 에로스의 궁전으로 데려다 다오."

너무 마음이 급했죠? 언니들은 제피로스가 고개를 끄덕이기도 전에 뛰어내립니다. 그러니 제피로스가 그들을 받아주겠어요? 어림도 없죠. 동생의 불행을 고소해하던 두 언니의 심보를 신들도 좋게 보지 않았을 게 뻔합니다. 그러니 결과가 어떻겠어요? 동생의 행복을 시기하고 그 행복을 가로채려던 언니들은 이렇게 삶을 마감하고 맙니다.

프시케, 시련과 만나다

프시케는 이 모든 불행이 자신의 잘못이라고 생각합니다. 그래요, 아름답다는 말에 공연히 우쭐해하고 남편의 말을 믿지 않은 탓에 사랑하는 이도 잃었는데 두 언니마저 저 세상으로 보내고 말았으니까요. 그녀는 이 벌이 신의 노여움에서 시작되었다고 믿습니다. 그렇다면 신의 마음을 풀어드리는 것 또한 자신이 해야 할 임무라고 새기는 중입니다. 길을 가다 보니 허름한 신전이 나타납니다. 프시케는 이 신전의 주인이 누구인지 모르지만 어느 신에게든 마음을 다해 섬기다 보면 용서해줄 것이라고 믿습니다. 시련을 겪으면서 마음도 많이 깊어진 듯합니다. 그래서 신전에 흩어져 있는 곡식을 정리하고 지저분한 것도 치웠습니다. 그녀는 이 신전이 땅과 곡식의 신 데메테르에게 바쳐진 것도 모르건만 경건한 마음과 행동으로 신의 마음을 기쁘게 합니다. 한동안 프시케가 하는 모습을 살펴보던 데메테르가 입을 엽니다.

"귀가 얇아서 복을 걷어찬 것은 어리석은 일이나 네 마음의 바탕이 착하다. 내가 비록 네 죄를 씻어줄 수는 없지만 그 방법은 일러줄 수 있다. 이 벌은 에로스의 어머니 아프로디테의 노여움에서 비롯된 것이니 아프로디테 여신을 찾아 용서를 빌어라. 너의 정성이 통하면 신의 노여움에서 벗어날 수도 있으리라."

어디에 있는지도 모르면서 프시케는 물어물어 아프로디테의 신전을 찾아갑니다. 아프로디테가 뾰족한 소리로 화를 냅니다. "이제야 알았느냐? 신을 무시하고 신보다 자신을 더 높은 곳에 올려놓은 죄가 얼마나 큰지, 네가 얼마나 하찮은 인간인지 말이다. 내 아들은 지금 너 때문에 앓아누워 있다. 그러나 네가 이렇게 찾아왔으니 나도 너를 시험해보지 않을 수 없다. 따라오너라."

아프로디테는 프시케를 데리고 창고로 가더니 쌓여 있는 곡식을 가리키며 팥쥐 엄마처럼 감당하기 어려운 숙제를 줍니다. "이것은 내가 기르는 비둘기의 먹이다. 너는 이 곡식을 밀이며 보리, 기장이며 완두콩을 종류별로 모아놓아라. 만약 다 하지 못하면 저녁도 먹지 못할 줄 알아라." 비둘기는 아프로디테를 상징하는 새죠. 하지만 그 많은 양의 곡식을 프시케 혼자의 힘으로 정리한다는 것은 애초 불가능한 일입니다. 그런데 어찌할 줄 몰라 쩔쩔매고 있는 프시케를 지켜보던 에로스가 뮈르미돈(개미)에게 무언가 지시를 내린 모양입니다. 수많은 개미들이 부지런히 일한 결과 곡식이 깔끔하게 정리되었군요. 콩쥐를 도와주던 참새들이 생각나네요. 아프로디테가 나타나 보더니 "흥, 이것은 네가 내 아들을 꼬드긴 결과라는 것을 나는 안다. 하지만 내일 보자"라며 딱딱한 빵 한 덩이를 던져주고는 사라집니다.

다음 날이 되자 아프로디테는 다시 명을 내립니다. "자, 보아라. 저곳에는 황금빛 털을 가진 양 떼들이 풀을 뜯고 있다. 너는 어서 가서 황금 양털을 모아오너라. 하지만 이 지시를 이행하지 못한다면, 그때는 각오해라." 프시케가 황금 양털을 모으기 위해 나서려 하자 또 다른 목소리가 들려옵니다. "지금 나가면 큰일 난단다. 지금 저 양들은 늑대나 하이에나보다도 사납지. 그러니 서두르지 말고 기다리거라. 지금은 저 양들이 아주 사납지만 오후가 되어 양 떼들이 그늘을 찾아 쉴 때면 저들은 말 그대로 순한 양이 되어 있을 것이다. 그때 너는 양에게 접근할 필요도 없이 그저 갈대밭을 돌아다니며 갈대에 붙은 양털을 모아오기만 하면 된다." 오후가 되어 프시케가 양털을 모아오자 아프로디테는 찬바람 부는 소리로 대꾸합니다. "이번에도 누군가 너를 도와준 신이 있었구나. 그러나 나는 너를 용서할 생각이 눈곱만큼도 없다." 던져준 빵 조각을 씹으며 프시케는 눈물을 흘립니다.

하루가 지나자 어김없이 아프로디테가 그녀에게 지시를 내리는군요. "내가 너 때문에 앓고 있는 아들을 돌보느라 얼굴이 많이 상했다. 그러니 페르세포네 여신에게 가서 당신이 가지고 있는 아름다움을 조금만 나누어 달라고 하여라. 그리고 아무리 궁금하더라도 그 상자를 열어보려 하지 마라. 그것은 너 따위 인간이 욕심낼 만한 것이 아니니. 알겠느냐?"

많은 시련을 견디어왔지만 이번 과제는 스스로 할 수 있는 것이 아닙니다. 페르세포네는 저승의 왕비인데 프시케에게 저승에 다녀오라는 것은 죽으라는 말과 다르지 않다고 생각합니다. '그래, 그렇다면 죽을 수밖에 없구나. 아프로디테 여신의 분노를 피할 수 없으니 어쩌랴?'

마침내 프시케가 높은 절벽에서 뛰어내리려 합니다. '이렇게 하면 이 고통에서도 벗어날 수 있겠지?' 그녀가 막 뛰어내리려 하자 다시 다급한 목소리가 들려옵니다. "어리석은 인간, 프시케여! 무엇 때문에 그리 급히 죽음을 택해 지금까지 당신을 괴롭힌 신을 기쁘게 하고 당신을 돕고자 애쓴 신들을 절망에 빠지게 하려는 것이냐? 방법을 찾아보지도 않고 목숨을 버리는 것은 바보들이나 하는 짓이란

다." 그 말을 듣고 프시케가 벼랑에서 물러섭니다. 그러자 보이지 않는 소리의 주인공은 프시케가 어떻게 저승으로 가야 하는지, 무엇을 주의해야 하는지 세심하게 알려줍니다. 그렇군요. 신의 도움을 받는 자가 신이 내미는 손길을 거부한다면 그 또한 엄청난 죄를 짓는 일이겠습니다.

프시케가 페르세포네를 만나 아프로디테의 청을 전합니다. 이제 프시케는 저승에도 다녀올 만큼 몸과 마음이 아주 단단해졌나 봅니다. 페르세포네가 말합니다. "내 아프로디테에게 갚을 빚이 있으니 마음이 편하지는 않구나." 그러고는 상자를 하나 내어줍니다.

그러나 프시케는 역시 신이 아니라 인간입니다. 그녀에게 다시 호기심이 발동했거든요. "내가 저승까지 가서 페르세포네 여왕의 아름다움을 가져왔으니 그것을 내가 조금 나누어 가지는 것도 그리 큰 죄는 아니겠지. 나도 그 화장품을 조금 써보아야겠다." 그녀가 상자를 열자 그 안에서 나온 것은 화장품이 아니라 죽음보다 깊은 잠의 씨앗이었습니다. 페르세포네의 말이 조금은 께름칙하다 했더니 엉뚱한 것을 담아 보냈군요. 잠의 씨앗들이 프시케를 공격하자 그녀는 죽음과도 같은 깊은 잠에 빠지고 맙니다.

이를 지켜보고 있던 에로스가 놀라 달려옵니다. 그는 재빨리 잠의 씨앗을 모아 다시 상자에 담고는 천상으로 달려갑니다. 제우스에게 청원할 셈이군요. "저는 프시케를 사랑합니다. 그러니 저 인간의 어리석음을 용서해주시고 제 짝이 되게 해주십시오." 제우스가 아프로디테를 바라보자 아프로디테도 마지못해 고개를 끄덕입니다. 어리기만 하던 아들이 커서 어미보다 제 짝을 챙기는 것을 보고 조금은 서운한 생각도 드는 표정이군요.

그러거나 말거나 에로스는 프시케를 데리고 천상으로 올라옵니다. 그는 직접 프시케에게 신들의 음식인 넥타르와 암브로시아를 먹여 천상의 식구로 삼습니다. 아프로디테도 축복을 해주자 에로스와 프시케는 아름다운 한 쌍이 되어 천상에 머물게 됩니다. 그들이 사랑해 딸을 낳았는데, 그 이름은 예상대로 '쾌락, 희열'이라는 뜻의 불룹타스로군요. 사랑하는 마음이 진짜 사랑을 만났으니 얼마나 즐겁고 행복했을까요?

프시케, 시련과 믿음으로 사랑을 완성하다

프시케는 나비 혹은 마음, 정신이라는 뜻입니다. 정신병을 사이키psyche라 하고 정신병자를 사이코psycho라고 하는 것을 생각하면 알기 쉽죠. 누구는 말하기를 프로메테우스가 진흙으로 인간을 빚을 때 아테나 여신이 나비 한 마리를 콧속으로 불어넣었다고도 합니다. 인간이 마음을 갖게 된 것이 이 여신의 베풂이었음을 잊지 말라는 것일까요? 그런데 이렇게 나비가 마음과 밀접한 관계가 있는 것처럼 보이는 것은 무슨 이유일까요?

나비는 오랜 기간을 땅속 어둡고 축
축한 곳에서 견뎌야 합니다. 그러나 그
어둠의 시간을 견딘 애벌레가 고치를 뚫고
나오는 순간의 아름다움은 화려하기 그지없
습니다. 무지개 같은 날개, 그 황홀함, 그 가벼운
날갯짓은 그동안의 모진 고난을 한꺼번에 잊게 할 만큼 아름답습니
다. 어쩌면 기적이 있다면 바로 이런 모습을 말하는 것은 아닐까요?
육체적인 사랑도 이런 정신적 승화를 거치면 애벌레가 나비가 되는
듯한 황홀함을 맛볼 수 있을 듯합니다.

에로스는 사랑을 말하되 육체적인 사랑을 뜻할 때가 많습니다.
아가페적 사랑(정신적인 사랑)과 대비되는 말이죠. 그러니까 에로스
와 프시케의 만남과 사랑은 육체적인 사랑과 정신적 사랑이 만나
그 사랑을 완성한다는 메시지를 담고 있는 것이 아닐까요? 사랑이
아름답게 완성되기 위해서는 수없이 많은 시련과 역경을 각오하지
않으면 안 됩니다. 많은 사랑이 이 역경을 이겨내지 못하고 좌절할
때가 많기 때문에 그만큼 사랑의 완성은 소중하고 더욱 찬미의 대
상이 되는 것이겠죠.

사랑의 완성은 그 자체로도 아름답지만 역경을 이겨낸 과정 또
한 감동을 주기에 충분합니다. 그 이야기 자체가 많은 사람에게 용
기와 희망을 주기 때문입니다. 물러설 것인가, 끝까지 소중한 사랑
을 지키려 애쓸 것인가? 고민하는 사람들에게 이 신화는 비겁함이

나 변명 뒤로 숨지 말라고 꾸짖는 듯합니다. 바위에 눌려 있으면서도 마침내 봄을 피워낸 풀꽃이 아름답듯이 시련을 이겨낸 사랑이야말로 진정 아름다운 모습이겠습니다.

프시케와 에로스의 사랑에는 인간인 탓에 빠질 수밖에 없는 함정과 유혹이 곳곳에 도사리고 있다는 것을 알려줍니다. 결코 인간은 완전하지 않기 때문이죠. 그래서 이래서는 안 된다는 생각을 하면서도 프시케는 수도 없이 유혹에 넘어가고 유혹을 이겨내지 못한 탓에 죽음으로 내몰리기도 합니다. 그러나 그 시련을 극복하고 이겨낼 가능성을 가지고 있는 존재 또한 인간밖에 없겠죠. 프시케의 사랑에 박수를 보내고 싶은 이유도, 그의 사랑이 아름답고 힘이 세다고 말하고 싶은 이유도 여기에서 찾아볼 수 있을 듯합니다. 에로스와 프시케가 만나 천상에 올랐다는 것도 희망을 잃지 말고 시련에 맞서라는 의미가 아닐까요? 봄을 만들어낸 꽃들에게 경의를 표하면서 그 꽃을 누르고 있던 바위며 바람, 어둠에게도 고맙다는 말을 하고 싶습니다. 그 시련이 있었기 때문에 지금 우리가 진정한 사랑의 힘과 아름다움을 깨달을 수 있었을 테니까요.

육중한 바위를 밀어내고 피어난 꽃을 보니 알겠군요. 사랑이 아름답다고 하지만 시련에 굴하지 않고 이룩한 사랑이야말로 참으로 힘이 세다는 것을요. 또한 그러한 사랑들이 마침내 꽁꽁 얼어붙었던 겨울을 녹여 마침내 이 세상을 봄으로 가득 채운다는 것도요. 봄날 오후, 세상이 온통 축제를 벌이고 있는 듯합니다. 아름답네요.

생각 한 뼘 더 키우기

1 프시케(마음)가 천상에 오른다는 것은 정성스러운 마음만이 소
 망하는 것을 이룰 수 있다는 것을 말합니다. 물맛이 쓰기도 하고
 달기도 한 것은 사랑이 기쁨과 함께 쓰라린 상처를 주기도 한다
 는 뜻이죠. 시련에 부딪칠 때 우리는 어떻게 해야 할까요? 그리
 고 진정한 사랑이란 과연 어떠한 사랑을 말하는 걸까요?

2 프시케는 곧잘 작은 유혹에도 지고 맙니다. 그렇지만 사랑을 찾
 아가는 시련의 길을 포기하지 않네요. 프시케의 행동을 보며 우
 리는 어떠한 희망을 가져야 하는 걸까요?

3 프시케는 저승을 다녀오기도 하고 마침내 천상에까지 오릅니다.
 이처럼 프시케의 행동 범위가 크고 넓다는 것은 무엇을 의미하
 는 걸까요?

닫는 글

나무토막 한 개 창문 아래 놓으며

밖이 궁금한 꼬마가 까치발을 합니다. 그러나 창턱이 너무 높아서인지 밖이 잘 보이지 않는 모양이군요. 한동안 밖을 내다보기 위해 안간힘을 쓰던 아이는 잠시 생각에 잠기는 듯하더니 창에서 한두 걸음 물러나 방 안을 둘러봅니다. 이윽고 아이가 나무토막 하나를 발견하고는 방그레 웃는군요. 다행입니다. 숨을 멈추고 아이를 지켜보던 저도 비로소 웃음이 배어나옵니다.

세계 문명의 선두 주자인 유럽을 관통하는 세 개의 큰 줄기는 그리스 신화와 기독교, 그리고 르네상스라고 합니다. 그들이 자랑하는 문학이며 역사, 문명도 실은 이 세 가지가 비율을 달리하여 버무려진 것에 지나지 않을지도 모릅니다. 그러니 이 세 가지를 제대로 모르고서는 우리는 여전히 그들의 아웃사이더나 관광객 취급만을 받을 뿐이라는 것을 명심해야 할 겁니다.

이 책은 저들을 이해하고 저들을 뛰어넘을 수 있게 하는 하나의 나무토막에 지나지 않습니다. 저는 창문 앞에서 창턱이 높아 애가 타는 꼬마와 이야기를 나누고 싶어 이 책을 썼습니다. 그러나 이 책의 목적은 결코 꼬마를 창문 앞에 붙잡아두는 것이 아닙니다. 밖을 내다보던 아이는 이윽고 더 넓은 세계로 나아가 더 많은 것을 만나려 하겠죠. 저는 여러분이 이 나무토막 위에서 밖을 내다보는 것에 만족하지 않고 어서 문을 열고 뛰쳐나가기를 바라는 사람입니다. 그러기 위해서는 몸과 마음을 키우는 시기가 필요합니다.

세상에는 현실에 만족하는 자와 그렇지 못한 자로 나누어진다는 말이 있습니다. 만족하는 사람은 그 자리에 머물거나 퇴보할 것이고, 그렇지 않은 사람은 많은 시련이나 두려움에 머뭇거리다가도 마침내 더 멀고 더 높은 곳으로 나아갈 것입니다. 영웅이냐 평범한 사람이냐를 구분하게 하는 것도 만족하느냐, 아니냐에 달려 있을지도 모릅니다. 저는 여러분이 용기를 내어 여러분의 내면에 자리 잡고 있는 영웅을 불러내 그 길로 나아가기를 간절히 바랍니다. 혹 터무니없는 욕심은 아니겠지요? 이 책이 여러분을 영웅의 길로 이끄는 작은 나무토막이 되었다가 그것이 더 어린 동생들의 받침목으로 물림이 되기를 바라는 것이 말입니다.

2016년 12월
이상기

왜, 그리스 신화를 읽어야 하나요?

ⓒ 이상기, 2016

초판 1쇄 발행일 2016년 12월 30일
초판 6쇄 발행일 2023년 12월 29일

지은이   이상기
그린이   김국향
펴낸이   정은영

펴낸곳   (주)자음과모음
출판등록   2001년 11월 28일 제2001-000259호
주소   10881 경기도 파주시 회동길 325-20
전화   편집부 (02)324-2347, 경영지원부 (02)325-6047
팩스   편집부 (02)324-2348, 경영지원부 (02)2648-1311
이메일   jamoteen@jamobook.com

ISBN 978-89-544-3702-8 (44080)
     978-89-544-3135-4 (set)